まちがいだらけの
脱税入門

元国税調査官
大村大次郎

取扱注意
これで彼らは
捕まった！

ビジネス社

はじめに

本書は、「脱税の手口」をご紹介するという趣旨を持っています。

「脱税の手口」を紹介するということは、当然それはすでに発覚した脱税の手口なのであり、脱税に失敗した方法というわけでもあります。

ところで筆者は
「今、日本国民は税金を払うべきではない」

と考えています。

なぜなら今の日本の税制、財政システムは欠陥だらけであり、税金を払えば払うだけ金をドブに捨てるようなものだからです。

その理由は後々述べるとして、だからといって筆者は犯罪としての「脱税」を推奨するものではありません。

法を犯せば、その報いは自分が受けなくてはなりません。脱税という犯罪は、罰則も重いし社会的制裁も受けます。絶対に割の合わないことなのです。


「税金は正しく逃れるべし」

というのが、筆者のもっとも言いたいことです。
そのためには、なぜ脱税者たちが失敗したのか？　ということを知る必要があると思われます。

脱税という言葉は、ニュースなどで時々取りざたされるように、経済社会の中ではよくあることです。

また30年前に作られた故伊丹十三監督の「マルサの女」以来、脱税の内容や摘発の様子がメディアでも取り上げられるようになりました。

が、まだまだ「脱税」というものは闇に包まれた犯罪です。

「脱税と課税漏れの違い」「国税局との見解の相違」などの税金ニュース用語についても、「?」を持っている方も多いと思われます。

たとえば、2019年にお笑い芸人のチュートリアルの徳井義実氏が、長期間にわたって税金の未申告、未納があったことが判明しました。多くの人が、彼を非難するよりも何よりも「長期間にわたって税金を未申告、未納する」行為が可能なことに仰天したことだと思われます。

しかも、徳井義実氏の場合は未申告、未納であり、脱税ではないのです。

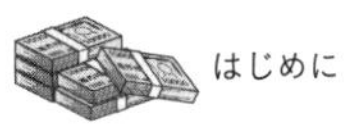

多額の税金を払っていないけれど脱税ではない、ということに疑問を持った方も多いはずです。

脱税というのは、さまざまな状況の人たちがさまざまな方法を使って行っているものです。それは、日本の税制をあぶりだす鏡でもあるのです。そして脱税は日本の経済社会において、実は大きな影響力を与えるものともなっています。

つまり脱税を知ることは、経済社会を斜めの角度から見るということにもなります。

税金を合法的に逃れたい方、経済のことを多角的に知りたいという方には、ぜひ本書を読んでいただきたいと思っております。もちろん「脱税」という行為に下世話な興味を抱いている方も大歓迎です。

では、これからあなたの知らない**「脱税の世界」**をご案内しましょう。

第1章 脱税とは何か？

第2章 医者、住職、政治家……脱税の多い業種とは？

第3章 有名人の課税漏れ事件簿

第4章 さまざまな脱税の手口

第5章 グローバル化する脱税

第1章

脱税とは何か？

「脱税」とは何か？

本題に入る前に、まず「脱税」とはなんぞやということをご説明したいと思います。

「脱税」という言葉は、ざっくりいえば税金を逃れる行為のことです。

もちろん、ほとんどの人が知っているでしょう。

しかし、ただ単に税金を逃れただけでは、犯罪としての「脱税」にはなりません。脱税には、いくつかの条件があるのです。

脱税の条件をざっくりいうと、

「税金の申告において不正を行い」

「逃れた税金が多額であること」

なのです。


「税金を安くしたい」というのは、万人に共通する心情だと思われます。

だから、人はできる限りの節税策を施します。

そして脱税もまた、心理的には万人に共通する心情の発露だと考えられます。

「脱税は節税の延長」などといわれることもあるくらいです。

じゃあ、脱税と節税はどう違うのでしょうか？

実は脱税と節税の間には明らかな一線があるのです。

それは税の専門家じゃなくても、簡単に判別できます。節税とは合法的なものであり、脱税とは非合法なものである、ということです。

ただ世間一般では、申告した収入が過少だった場合、すべてをひっくるめて脱税と呼ぶ傾向があります。ちょっとしたうっかりミスであっても、世間では脱税と称されることもあります。

が、税務上の取り扱いにおいては、おなじ過少申告であっても、合法的か非合法的かで税務上の扱いは異なるのです。

過少申告、いわゆる課税漏れには、2種類あるのです。

「悪質なもの」と**「悪質でないもの」**です。

「悪質なもの」というのは、売上を隠したり、経費を水増ししたりするなどの「不正工作」を行うことです。

「悪質でないもの」というのは、税法を知らなかったためにうっかり申告漏れになっていたり、計算ミスをしたりしたような場合です。

税務上の取り扱いにおいて、両者には差があります。

「悪質でないもの」、たとえば単なる経理ミスや税法の解釈誤り、または違法とは知らずに勘違いで行った申告漏れに関しては、税務上は**「過少申告加算税」**というものが課せられます。これは、追徴して払う税金を10％増しにするという処分です。

一方、悪質なもの、税逃れのための不正工作をしていた場合には、追徴して払う税金は35％増しになります。

これは**「重加算税」**と呼ばれています。この重加算税がかかる申告漏れのことを「不正行為」と呼ぶのです。

そしてこの不正工作をしていて、なおかつその金額が巨額のものが脱税として起訴されるのです。それが厳密な意味での脱税という犯罪です。

ただし税法では脱税とはいわずに、「○○税法違反」という表現になります。

この巨額とは、どのくらいのものを指すのかというと、**追徴税額としてだいたい1億円**くらいとされています。しかし、あまりに悪質な場合は、それより少ない額でも起訴されるケースもあります。

つまり犯罪としての「脱税」とは、「不正行為をしていて、なおかつその金額が巨額な

〔　知らなかったではすまない税金のペナルティ　〕

＼こんなときにはこんなペナルティーが科されます！／

申告内容が過少だった場合 ⟶ **過少申告加算税**
申告期限までに申告をしなかった場合 ⟶ **無申告加算税**
仮装隠蔽があった場合 ⟶ **重加算税**
納付期限までに納付をしなかった場合 ⟶ **不納付加算税、延滞税**

加算税	概要	加算税率	備考	国通法
過少申告加算税	調査通知前に自主的に修正申告した場合	なし		第65条
	期限内申告について、修正申告・更正があったとき	10%	納税額のうち、当初納税額と50万円とのいずれか多い金額までの部分	
		15%	納税額のうち、当初納税額と50万円とのいずれか多い金額を超える部分	
無申告加算税	調査通知前に自主的に期限後申告をした場合	5%	正当な理由があると認められる場合も同様	第66条
	期限後申告・決定等があったとき	15%	納税額のうち、50万円までの部分	
		20%	納税額のうち、50万円を超える部分	
不納付加算税	源泉所得税が納付期限までに納付されなかった場合	5%	納税告知前に自主的に納税した場合	第67条
		10%	正当な理由があると認められる場合は課さない	
重加算税	仮装隠蔽している事実があった場合	35%	過少申告加算税または不納付加算税に代えて課す場合	第68条
		40%	無申告加算税に代えて課す場合	
延滞税	申告納付期限までに完納しなかった場合	7.3%	納期期限後2カ月以内	第60条
		14.6%	上記以降	

納税額が本来の税額よりも過少で追加の税金が発生した（過少申告加算税）

定められた期限内に確定申告をしなかった（無申告加算税）

申告内容に不正が認められた（重加算税）

もの」ということになるのです。

メディアなどで報じられる課税漏れのニュースの中には、厳密には脱税ではないものが多々あるのです。

なぜチュートリアル徳井氏は「脱税」ではなかったのか？

ところで2019年10月に、お笑いコンビ・チュートリアル徳井義実氏の課税漏れがメディアで報じられました。

徳井氏は東京国税局の税務調査を受け、平成30年までの約7年間で計約1億2000万円の申告漏れを指摘されました。結果として、重加算税などを含め追徴税額約3400万円を納付したということです。

徳井氏は、「チューリップ」という個人会社を設立していました。所属する吉本興業から支払われるテレビやラジオの出演料などの収入は、すべてこのチューリップ社で受け取り、自身は同社から役員報酬をもらうという形態をとっていました。そのチューリップ社が、平成28年から平成30年までの税務申告をまったく行っていなかったのです。

このニュースが流れたとき、なぜ徳井氏は脱税で起訴されなかったのかと疑問を持った人も多いはずです。税務申告を3年間もしていなかった上に、1億円以上の申告漏れが指摘されているのです。一般の感覚から見れば、**「これって脱税じゃない？」**ということになるでしょう。

なぜ徳井氏が脱税で起訴されなかったのか、簡単にご説明しましょう。

前項で述べたように、脱税というのは、「税逃れのための不正行為を行い」かつ「その追徴税額が巨額（おおむね1億円以上）」という条件があります。

徳井氏の場合、まず追徴税がそれほど巨額ではないといえます。徳井氏の追徴税額は約3400万円です。脱税の基礎の目安である1億円よりはちょっと少ないということになります。

一般の感覚からいえば、追徴税3400万円というと、非常に大きいように思えます。ところが、「脱税」として起訴をするには少し足りないのです。

そして、もう一つの条件である**「悪質性」**についてです。

徳井氏は、3年間にわたってまったく申告していないので、悪質のようにも見えます。が、税金を逃れるために「積極的な工作」をしたわけではありません。

徳井氏は、自分が無申告であることを隠蔽しようとしたり、国税の目をくらませるような偽装をしたりしたことはありません。「無申告であること」をまったく隠し立てせず、国税が催促すれば申告するというスタンスをとっていました。

報道では、徳井氏が会社の経費として計上していた旅行代や洋服の購入費などについて、国税当局は私的な支出と認定し、約2000万円の所得隠しを指摘したとされています。

ところが、これも本来は「所得隠し」といえるほどの悪質性はなく、国税との**「見解の相違」**というレベルのものなのです。国税としては、無申告が続いていたので、罰則的な意味合いで「所得隠し」とみなしたのでしょう。

総じていえば、徳井氏のケースを、脱税として起訴するには、金額的にも内容的にも条件を満たしていなかったのです。

脱税の基本的な手口「収入を隠す」

次に脱税の手口の基本的な仕組みをご説明したいと思います。

脱税というのは、税金をごまかすことであり、何に税金がかかってくるかでその手口も異なってきます。

たとえば所得税、法人税のように「収入にかかってくる税金」であれば、脱税の手口は

「収入を少なく見せかける」ということになります。脱税の手口の大半は、所得税か法人税の「収入を少なく見せかける」というものになります。

そして収入を少なく見せかける方法は、実は二つしかありません。

収入を隠すか、経費を水増すか、です。

収入を少なく見せかける脱税は、どんな手の込んだものであっても、結果的にはこの二つのうちのどちらかに該当します。脱税者は収入を隠すか、経費を水増しするために、ありとあらゆる方法を考え出してきたといえるのです。

収入（資産）を隠すというのは、その名の通りです。事業の売上の一部を隠したり、収入の何割かを割り引いて申告したりするなどです。

経費を水増すというのは、仕入額を実際よりも大きく見せたり、行っていない外注費を計上したりすることです。

脱税の手口の中でも、もっとも使われることが多いのが、収入を隠す脱税です。

これはおもに、現金商売の業者で行われている脱税方法です。現金商売というのは、飲食店や小売店のように、現金で商品のやり取りをする事業のことです。

脱税の方法としては、たとえば、そば屋の店主が、売上のうち8割だけを申告し、2割は別口座で管理して申告しない、というようなことです。売上を抜いた2割分の伝票などは破棄するのです。

「収入を隠す」ことは、脱税の作業としてはもっとも簡単です。が、この簡単な脱税がけっこう見つかりにくいのです。たとえば、そば屋の店主が売り上げの一部をポケットに入れて小遣いにしていたとします。もし伝票も出さないような店であれば、売り上げを抜いた記録はまったく残りません。この脱税を税務署が見つけるというのは、非常に困難なことなのです。

しかも、脱税者はその手口にさらにさまざまなバリエーションを考えてきました。

たとえば、次のようなものです。

・お得意様の売上だけを隠す

・特定の日の売上だけを隠す

お得意様の売上だけを隠すというのは、たとえば食堂をしている人が、身元の知れた得意客の売上だけを隠したりすることです。

特定の日の収入だけ隠すというのは、特売日や日曜祝日など売上の多い日だけ、売上の一部を隠すという脱税方法です。

こういう脱税に対して、税務署はどういう対応をしているかというと、**「抜き打ち調査」**です。現金商売者に対しては、税務署は抜き打ち調査をしてもいいということになっているのです。

経費を水増しする脱税

収入を少なく見せかけるには、前述したように売上を少なく計上する方法と、もう一つ経費を水増しする方法があります。

現金商売ではないと、売上を少なく計上する脱税ができない（できにくい）ものです。相手先に領収書を発行したり、売上が現金ではなく銀行振込や手形で決済されるような業種では、売上の記録が外部に残るので、売上をごまかすことは難しいのです。日本のビジネスのほとんどは、この形態で行われています。ですので日本の業種のほとんどは、売上をごまかすことは難しいということになります。つまり売上を少なく計上する脱税は、現金商売者など、ごく一部の業界のものしかできないということです。

そのため日本のほとんどの業種では、脱税をしようと思えば、経費を水増しするしかないということになります。

経費を水増しする脱税とは、たとえば次のようなものです。

とある水道工事業者が、下請け会社に毎年500万円の仕事を発注していました。ところが帳簿上は1000万円の発注をしていたように記載していました。差額の500万円分、収入が少なくなるというわけです。

これが、典型的な経費水増しの脱税です。

経費を水増しする脱税は、売上を隠す脱税のように「あるものを隠す」のではなく、「ないものをつくる」わけです。脱税のための工作は、より必要になってきます。

そのため収入を隠す脱税よりも、手が込んでいる場合が多いです。

脱税者は国税当局の目を欺くために、領収書、請求書、見積書などを偽造したりなど、「証拠書類」を揃えなくてはならないからです。

しかし「証拠書類」が多く残るために、**発覚しやすい脱税**ともいえます。収入を隠す脱税の場合、全貌を解明するのはなかなか難しいですが（全貌を解明したかどうかの完全な確認はできない）、経費を水増しする脱税は、全貌を解明されることもしばしばあるといえます。

〔加算税の一例〕

1

税金100万円の申告漏れ。
期限内申告で修正申告・更正があった場合

過少申告加算税

100万円＋（100万円×10%）＝110万円

追徴税は10万円！

2

水増しして
100万円の税金をごまかした場合

重加算税

100万円＋（100万円×35%）＝135万円

追徴税は35万円！

領収書を偽造する脱税

経費を水増しする場合、もっとも一般的なのが、領収書に手を加えることです。

領収書というのは、事業者が経費を証明するもっとも基本的な証拠です。この証拠に細工を加えれば、経費を水増すことができるわけです。

領収書の工作には、領収書を書き換えたり、偽造したり、ニセの領収書を入手するなどの方法があります。

領収書の書き換えというのは、領収書の数字を1から9に書き換えたり、ケタを一つ増やすなどの細工をするものです。書き換えた領収書があまり多ければ、発覚しやすいのですが、何百枚ある領収書のうちのほんの一部ならば、税務署の調査官も見落とすことがあります。

また取引先からあらかじめ白紙の領収書をもらっておいて、それに自由に好きな金額を書きこむという方法もありました。以前は、よく水商売などで、得意客に対して領収書を白紙で渡すなどということが行われていたのです。

しかし最近では、水商売などに対しての税務調査も徹底されてきているため、この白紙

〔 1枚のニセ領収書が出ると一網打尽！ 〕

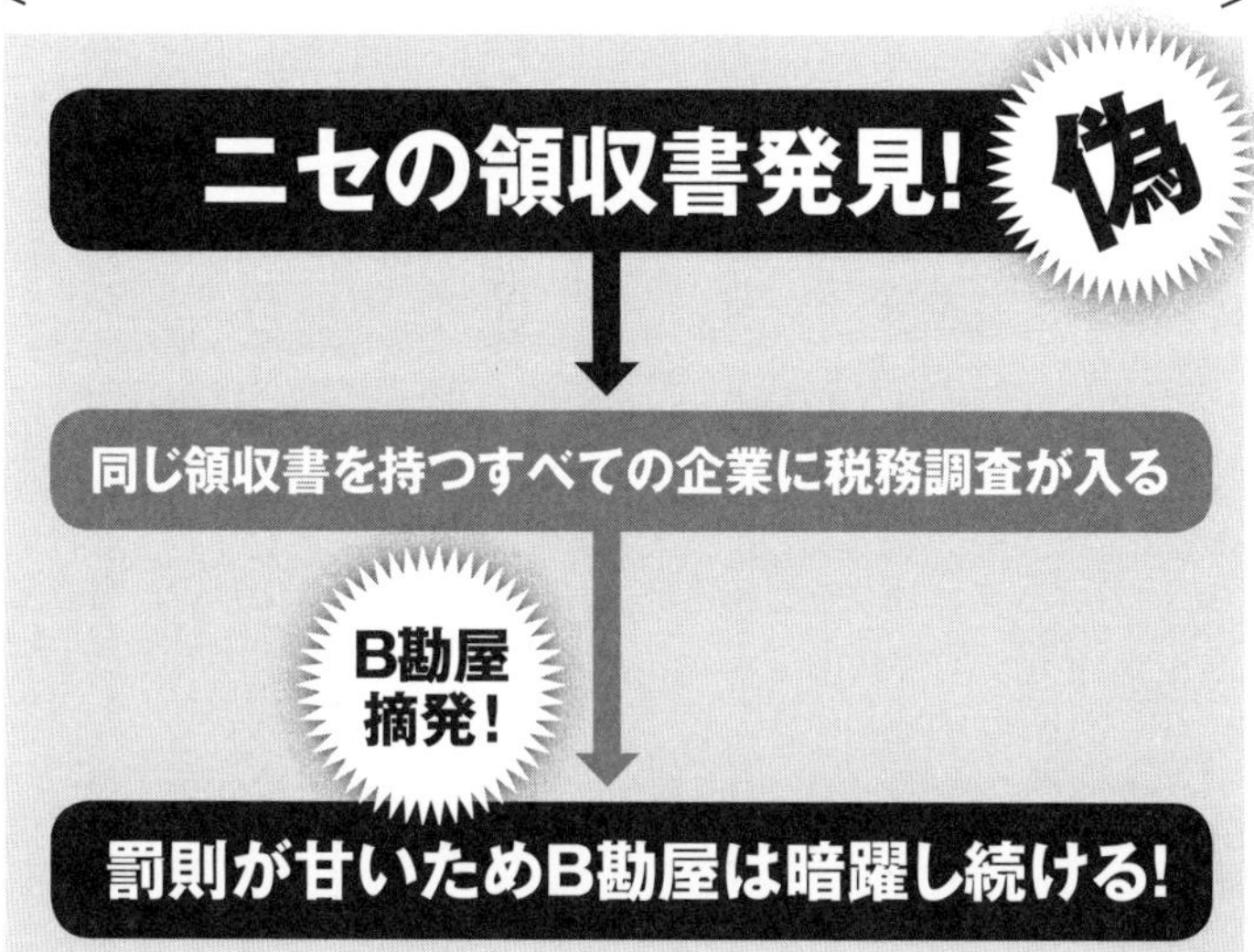

の領収書は少なくなってきました。

手の込んだ方法では、闇の業者からニセの領収書を買って、その分の架空の経費を造るというものもあります。

闇の業者が売買しているニセの領収書というのは、まったくの架空の事業者や、すでに倒産してしまった事業者、登記だけの幽霊事業者などの名義で発行された領収書などです。

ニセ領収書の販売金額は、記載金額の5％程度だといわれています。インターネットなどでも販売されていますが、犯罪性が高いため、お金を振り込んでも発送されないことも多いようです。

国税当局では、このニセ領収書を「B

勘」と呼び、強烈にマークしています。B勘というのはB勘定の略で、A勘定が正規の領収書で、B勘定がニセの領収書というわけです。

いったんニセの領収書だということを国税当局が見つければ、その領収書を買っていた者は一網打尽に摘発されることもあります。また勘の良い調査官は、架空の領収書などはすぐに見破ることができるので、発覚率は高いといえます。

資産を隠す脱税

税金には、「所得税」「法人税」のように収入にかかってくるだけではなく、資産にかかってくる「相続税」のような税金もあります。保有している資産（遺産）に応じて税金が課せられるのです。

こういう相続税のような資産にかかる税金の場合は、資産を隠すという脱税手法がとられます。

資産を隠す方法としては、単純に現金でお金を貯め込んで、その**現金を申告しないという手口**があります。

相続税というのは、故人から遺族が引き継いだ遺産にかかってくる税金です。対象となる遺産は現金、預貯金、有価証券等の金融資産、不動産、貴金属など、金目のものはすべてです。このうち有価証券や不動産などは外部に記録が残るものなので、隠すことはできません。そこで外部に記録が残らない「現金」を貯め込むことで、税を逃れようというわけです。

「現金で隠せる額なんてたかが知れているだろう」

と思う人もいるかもしれません。

しかし現金で資産を隠す脱税はけっこう多く、何十億円も自宅の倉庫の中に保管していたという脱税もありました。

こういう脱税を、税務署はどうやって見つけるのか疑問に思う人も多いでしょう。

税務署は、相続税が発生しそうな資産家については、相続開始前（死亡前）からあらかじめ情報収集をしています。この人は年収が非常に大きい、だから相続税がかかるはず、というようなことを下調べしているのです。

で、その人の年収というのは、税務署にきっちりデータが残っていますから、相続資産も年収から割り出したりできるわけです。もし年収に比べて著しく相続財産が低い場合は、「これはおかしい」ということになり、自宅におもむいて調査をしたりするわけです。

またその人が死亡する前に、銀行から多額の引き出しがないかとか、株券を換金してないかとかいうのも、税務署はすぐにわかります。

長い時間をかけて少額の現金をコツコツと隠していた場合は、ばれないこともあるかもしれません。でもそれでは脱税できる金額もたかがしれているし、現金を隠す手間と盗難などのリスクを考えれば、あまり割の合うものではありません。

資産を隠す脱税としては、ほかには預金の名義を家族に分散するなどという手口もあります。またまったく関係のない第三者の名義の預金口座に入れるということもあります。

こういう手口についても、税務署は入り口（収入源）から調べているので、**発覚することが多い**のです。

間接税の脱税

前述した事業者の脱税、資産家の脱税というのは、「直接税」の脱税です。

直接税というのは、納税者と税負担者が同一である税金、つまり納税者の所得や資産から払う税金のことです。

しかし、税金には直接税のほかに「間接税」というものもあります。間接税というのは、納税者と税負担者が相違する税金のことです。

代表的なものは、消費税です。消費税の場合、税負担をするのは消費者ですが、実際に納税するのは受け取った側の企業です。

間接税の種類には消費税のほか、酒税、印紙税、ガソリン税などがあります。

間接税は、一般に直接税よりも脱税が少ないといわれています。

納税者となる企業は、実際に税を負担するのではなく、代理で納めているのです。つまり「他人の税金」なので脱税しても仕方ない、ということです。

しかし、間接税の脱税がないわけではありません。

というより、昨今、間接税の脱税は増えているといえます。

間接税の場合、納税者（企業）が納める税金は「他人の税金」といっても、それは帳簿上の話です。納税者（企業）は、売上で入ったお金の中から、税務当局に税金を払うのです。間接税として預かったものであっても、お金には変わりがありません。

間接税を脱税すれば、納税者（企業）には利益になるので、脱税動機がないことはないのです。

昨今の不景気では、一円でもお金が欲しいという企業も多くなったとみえ、間接税の脱税は非常に増えているのです。

とくに消費税は、複雑なシステムがあるので、脱税の手法はいくつもあります。

たとえば本当は課税取引なのに、非課税取引に見せかけて、消費税を脱税というケースがあります。

消費税には課税取引と非課税取引というものがあり、非課税取引であれば、消費税はかからないのです。そこで、**非課税取引に見せかけて消費税を逃れる**のです。具体的には、外国人にものを売る場合、非課税です。そこで外国人にものを売ったと見せかけて、消費税を逃れるというようなことがあるのです。

消費税の不正還付とは？

消費税の脱税の典型的なケースを一つご紹介しましょう。

まず以下の記事をご覧ください。

大阪の薬局チェーン　1億6000万円の所得隠し　訪日客向け免税制度悪用

大阪市内でドラッグストアを展開する運営会社2社が、大阪国税局の税務調査を受け、平成30年4月までの2年間に、約1億6000万円の所得隠しを指摘されていたことが25日、関係者への取材で分かった。2社は訪日外国人客向けの免税制度を悪用し、消費税の不正還付を受けていた。重加算税を含む追徴税額は、計約4000万円に上るとみられる。

指摘を受けたのは、大阪・ミナミを中心にドラッグストア9店を展開する運営会社「フォレストドラッグ」と「ナガモリ」（いずれも大阪市）の2社。

関係者によると、2社は、訪日客に化粧品や薬などの消耗品を免税販売できる上限を超えて販売したレシートを分割発行するなどしていた。国税局は、2社が免税が適用されない販売分を免税販売だったように仮装し仕入れ時の消費税の還付を不正に受けたと判断したもようだ。

免税店では、消耗品は同じ店で客1人あたり1日50万円を上限に消費税を受け取らない代わりに商品の仕入れ時に支払った消費税分の還付を受けることができる。

2社は代表者が同じで、化粧品や医薬品を主に取り扱い、急増する訪日客の「爆買い」を背景に売り上げを伸ばしていた。取材に対し、男性社長は「不正な還付は受けていない」とする一方「修正申告と納税は済ませた」と説明した。

（産経新聞　2019年12月25日配信）

外国人が日本に旅行などで訪れて買い物をした場合、消費税は免除されるという制度があります。消費税というのは、「消費するものにかかる税金」という建前があるので、日本で消費（使用）せずに外国に持ち出すものに関しては、消費税は免税となるのです。

この免税については、若干の条件があります。

外国人であっても日本で勤務していたり、6か月以上日本に滞在している人は該当しません。

また消耗品については、**1店舗につき1人1日50万円まで**ということになっています。消耗品とは食料品、化粧品、医薬品などです。

消耗品以外のものは50万円という限度額はありませんが、100万円を超える場合は、旅券のコピーなどの提出をしなければなりません。

この免税制度は、日本人でも2年以上外国で生活する人が一時帰国したような場合には適用されます。

そして、この免税制度は外国人の消費税が免除になるだけじゃなく、販売業者は消費税の還付を受けられるのです。

販売業者は、商品の仕入れをするときに、すでに消費税を払っています。

この消費税を支払って仕入れした商品を、外国人に免税品として売った場合、消費税を受け取れないので、支払った消費税を回収することができません。そのため免税品として売った商品については、仕入れ時に払った消費税が還付されるのです。

だから免税店側としては、できるだけ免税販売をしたいと思っているわけです。外国人がたくさん買い物をしてくれれば売上が増えるわけですし、消費税の還付も受けられるからです。

この記事のドラッグストアは、本来は消耗品は1人あたり50万円までしか免税にならないのに、2回に分けて購入したように見せかけるなどして、50万円超の買い物も免税としたのです。

そして、その分の商品の消費税還付を受けたわけです。

業者側から見れば、販売時に消費税を受け取っていない商品について、仕入れ時の消費税を還付してもらっただけであり、不正還付ではないということになるでしょう。

しかし税法的にいえば、そもそも50万円を超える消耗品は、消費税は免税にならないわけですから、免税じゃないものを免税として処理すること自体が不正です。そして、その不正の延長として消費税還付を受けているので、「不正還付だ」ということになるわけです。

消費税が10％に引き上げられたことから、今後、この手の不正は増えると思われます。

特殊な脱税手口

また、これら上記の方法によらない特殊な脱税方法というものもあります。

それは、税務署の目を逃れるという脱税方法です。

この方法の究極のものは**無申告**です。これは読んで字のごとく、税金の申告をせずに税金を逃れるということです。

無申告というのは、ある意味、税務署の調査網の盲点をついているともいえます。

税務署は、納税者（企業を含む）が正しく申告納税しているかどうかについては、申告書によって判断します。しかし申告書が提出されていなかったら、税務署はその納税者の存在すら気づかないことも多いのです。その納税者の存在を示す書類が、税務署にはまったく届かないことになるからです。

税務署は法人登記などによって、ある程度は納税者の存在を知ることができます。しかし、それには限界があります。法人登記されたからといって、すべての会社が正常に営業しているとは限りません。法人登記はされても実際には稼働していない「幽霊会社」「休眠会社」というのは、日本中に腐るほどあります。その中に無申告の納税者がまじってい

たとしても、税務署はそれを簡単に見つけることはできないのです。

だから無申告で納税を逃れている事業者は、かなりいると推測されています。

それでも無申告の場合、社会保険の手続きなどができなくなり、社会生活上、さまざまな困難が生じます。社会保険の手続きをすれば、税務署に存在が発覚してしまうからです。社会保険のほかにも、公的機関を利用した住民サービスなども受けづらくなります。つまりデメリットも大きいというわけです。

また無申告のほかにも、納税地を頻繁に変えて、税務署の目を惑乱するというものもあります。納税地を頻繁に変えれば、管轄する税務署も変わるので、調査の対象になりにくいのです。ただし、これも納税地を頻繁に変えれば、連絡がしにくく郵便物が届きにくいなど、納税者の事業自体にさまざまな困難が生じます。

それ以外にも、**わざと赤字にして税務署のチェックからはずす**という手法もあります。税務署はどうしても赤字企業を調査対象からはずす傾向にあります。赤字企業は、儲かっていないので脱税をしている可能性は低いからです。それを逆手にとって、わざと赤字にするというわけです。

このように脱税にはさまざまなバリエーションがあるわけです。脱税者たちは、これらの方法を組み合わせながら、日々新しい脱税方法を考え出しているのです。

脱税は何のためにするのか？

脱税は何のためにするのか？　ということを検証してみましょう。

「脱税は金を持っている者が、税金を払いたくないからするんだろう」

と普通の人は考えるでしょう。

確かに、脱税の多くは「税金を逃れるため」に行われるものです。

しかし脱税の動機には、もう少し複雑な要素もふくまれているのです。

脱税の目的には、大きく分けて二つのパターンがあります。

一つは、**蓄財**のためです。

もう一つは**裏金ねん出**のためです。

前者の「蓄財のため」という意味は簡単です。その言葉通り、金を持っている人、金を得た人が蓄財のために税金を払いたくない、それで脱税をするのです。

後者の「裏金ねん出のため」というのは、若干、説明を要します。この世の中には、公にできない金というものが存在します。

政治家への賄賂(わいろ)であったり、総会屋への利益供与であったり、取引先への裏リベートであったり、です。

そういう裏金をつくるためには、企業の収益の一部を隠さなければならない場合があるのです。

収益を隠すとなると、必然的に脱税をしてしまうことになります。それが「裏金ねん出のための脱税」なのです。

税務署とはどんな仕事をしているのか？

次に脱税はどうやって見つかるのか？　ということについてご説明したいと思います。

脱税を取り締まる機関としては、「税務署」があります。

税務署というのは、国税庁の出先機関です。

国税庁の組織は、国税庁→国税局→税務署というようになっています。国税庁や国税局が担当する納税者というのは、資産家や大企業に限られています。一般の納税者と直接接触するのは、税務署となっています。

税務署員は――勘違いされることが多いようですが――地方公務員ではなく国家公務員です。国税局に採用されて、地方税務署に配置されるのです。

税務署の仕事には、大きく二つあります。

「課税」と**「徴収」**です。

「課税」というのは税金を決める仕事であり、「徴収」というのは決められた税金を収納する仕事です。納税者の申告書は、課税部門が受け付け、申告に誤りがないかどうかチェックをします。不審な点があれば、問い合わせをしたり、税務調査を行ったりするのです。

そうして「課税」によって決められた税金を、きちんと納めてもらうのが、「徴収」の仕事です。

一般に、「税務署が来た」などといわれる場合は、課税部門による「税務調査」を指すことが多いようです。

税務署の仕事というと、この税務調査が中心だと思われがちですが、税務署の仕事の半分は徴収の仕事です。徴収部門の人員も課税部門と同じくらいの人数がいるのです。

徴収の仕事とは税金の収納ですが、これは未納者の取立ても含まれます。税務署の仕事で一番大変なのは、この取立て業務だといわれています。

一見、税務調査も大変そうに見えますが、税務調査は、きちんと稼働している企業、納税者に対して行われるものです。ところが取立ては、なかなか連絡の取れない、あまり正常に活動していない企業、納税者に対して行われるケースが多いのです。税金の滞納をしている人たちというのは厳しい経済状況にいたり、反社会的だったりすることが多くあります。このため取立ての仕事は、税務調査などよりはるかに苛酷なやりとりを納税者と行わねばならないのです。

税務調査とは？

税務調査というのは、企業、個人の納税者の税務申告が正しいかどうかを調査することです。国税の仕事の中で重要な部分を占めるのが、この税務調査です。

税務署の課税部門職員（個人課税、資産課税、法人税、間接税）の半数以上は、調査を専門にしています。彼らは日々、納税者宅、事業所や銀行などにおもむいて税務調査を行っているのです。

税務署の課税部門は、税目別に分かれており、税務調査も税目別に行われます。

個人の税金に関しては、個人課税部門、法人の税金に関しては法人課税部門が担当しています。個人課税部門はさらに、所得税を担当する個人所得税担当部門と、相続税、贈与税を担当する資産税担当部門に分かれています。

個人課税部門の税務調査は納税者が個人であり、帳票類の調査というより、納税者との

〔 税務調査とは何か？ 〕

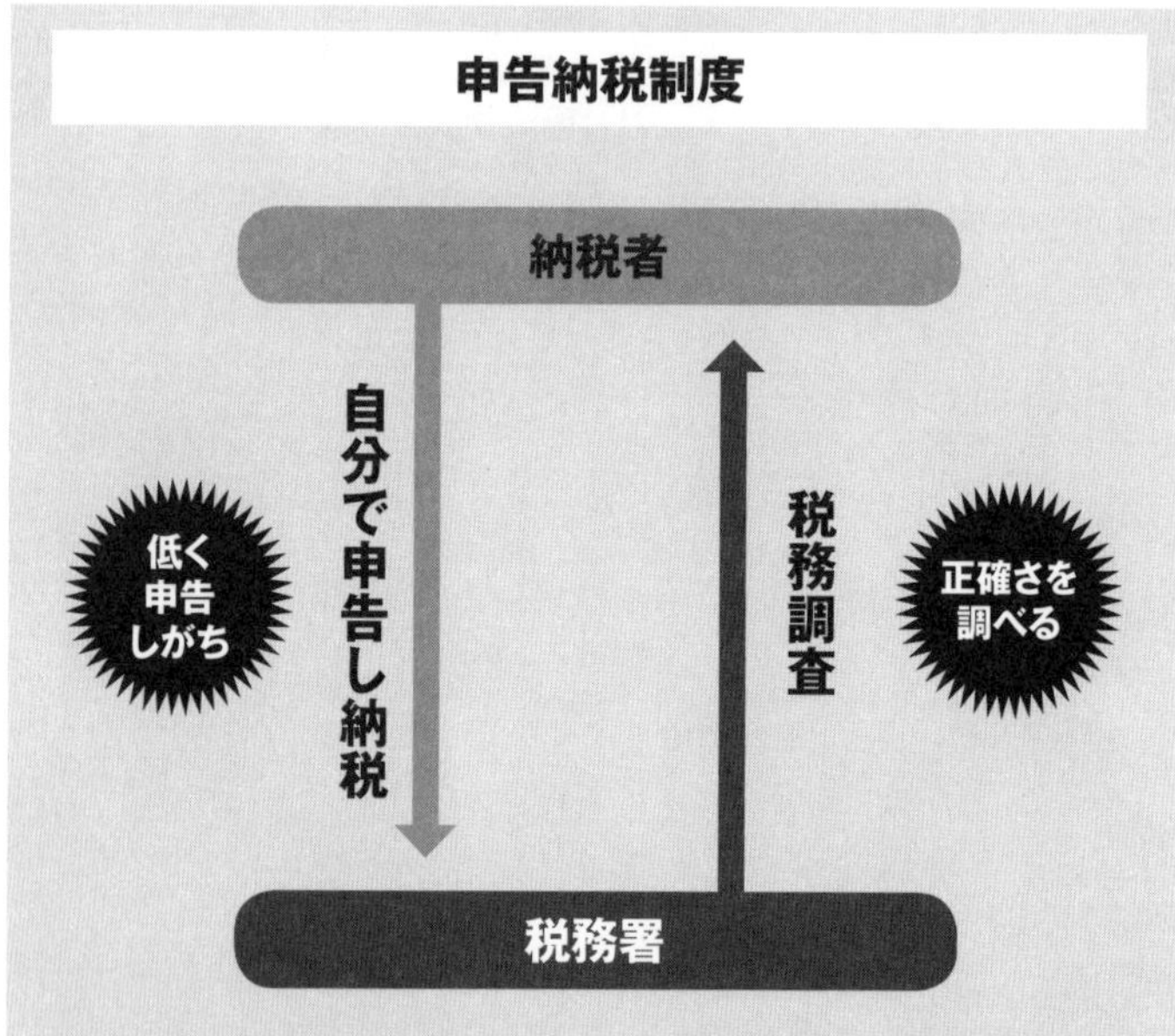

税金はできるだけ安くというのが納税者の心理。そのため自分で納税額を決める「申告納税制度」ではどうしても実際よりも低く申告しがちになる。そこで行われるのが申告の正確さを見極めるための税務調査となる

交渉による調査が多いとされています。何の根拠もないのに「ちょっと納税額が少ないようですね」と詰問し、税金を増額するような調査です。

一方、法人課税部門の調査は対象が会社であり、帳票類は一応整っていることが多いので、法的な理詰めの調査になるとされています。

しかし現在は、個人の納税者も帳票類を完備していることが多いので、個人課税部門の税務調査も理詰めが中心になりつつあります。

強制調査と任意調査

税務調査には、あまり知られていませんが、**任意調査と強制調査**があります。

任意調査というのは、納税者の同意を得て行われるもので、税務調査のほとんどは、建前上はこの形態です。

強制調査というのは、裁判所から強制調査許可状を得て行われる調査で、納税者の同意は必要ないのです。詳細はのちほど述べますが、この強制調査を専門としているのが、いわゆるマルサです。

映画などで有名なこのマルサの調査は、税務調査の中ではほんの一握りのものであり、ほとんどは任意調査なのです。

任意調査だからといって、税務調査は受けたくなければ受けなくていいものではありません。

税務署の調査官は**質問検査権**という強力な権利を持っています。

これは納税者に対して、税務申告に関するあらゆる内容を質問できるというものです。納税者にはこの質問に対して黙秘権はありません。

もし納税者が調査官の質問に対して、ウソの回答をしたり知っていることを述べなかったりして、それが後になって発覚した場合はペナルティーが科せられることになります。

また質問検査権の対象となる人というのは、何か重大な容疑がある人にだけではなく、調査官が少しでも疑問に思った人、ものにはすべて適用されるのです。

見方によっては**警察の捜査権よりも強い権限**といえそうです。

「税務調査」は、原則的には納税者の申告に疑問な点があった場合に行われることになっていますが、疑問点などというのは、いかようにもつくれるのです。実質的には、すべての納税者に対して、調査をする権利があることになります。

極端にいえば、普通のサラリーマンや年金生活者でも、税務署の調査を受ける可能性はあるのです。

税務調査における納税者の権利と調査官の質問検査権

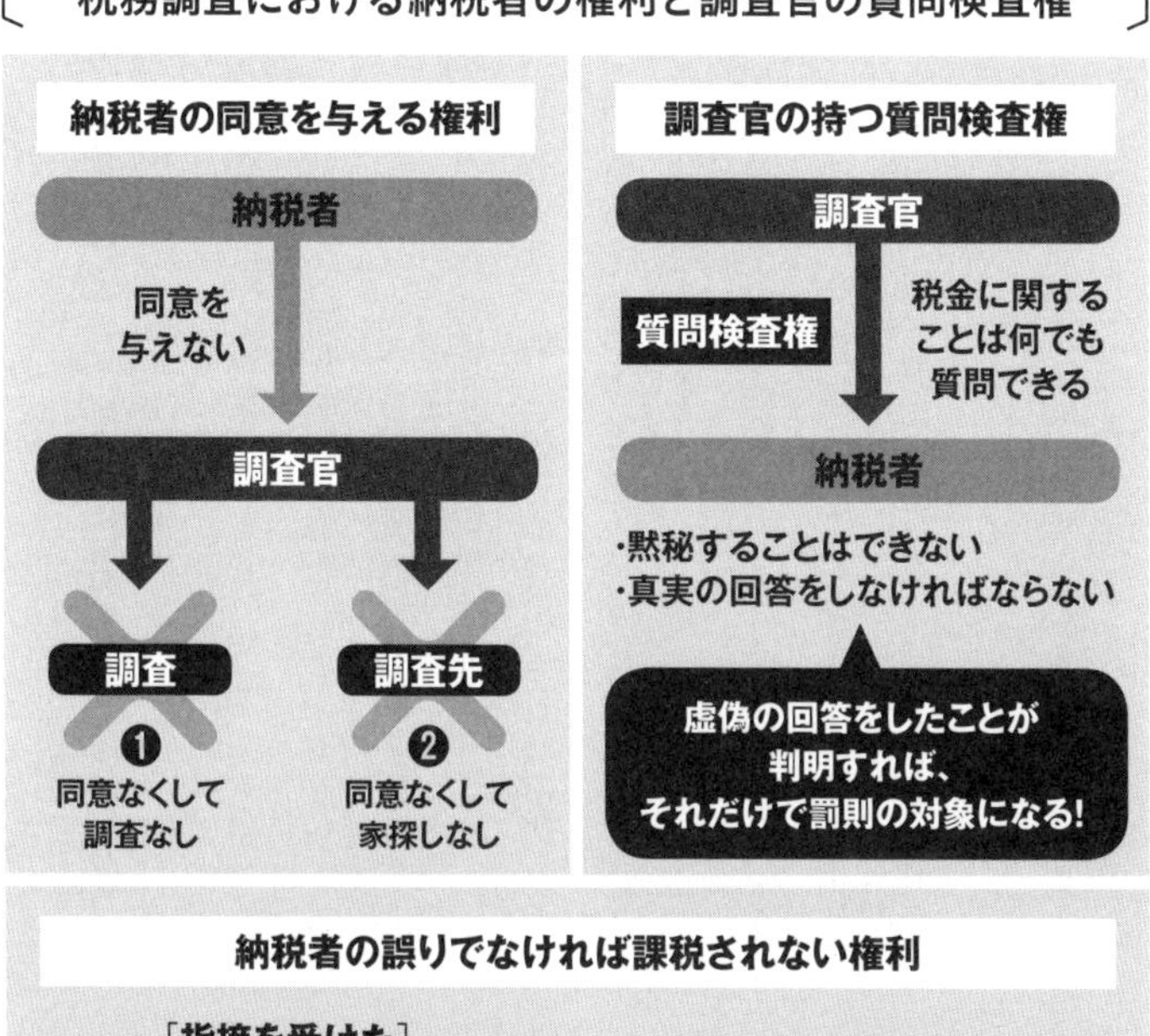

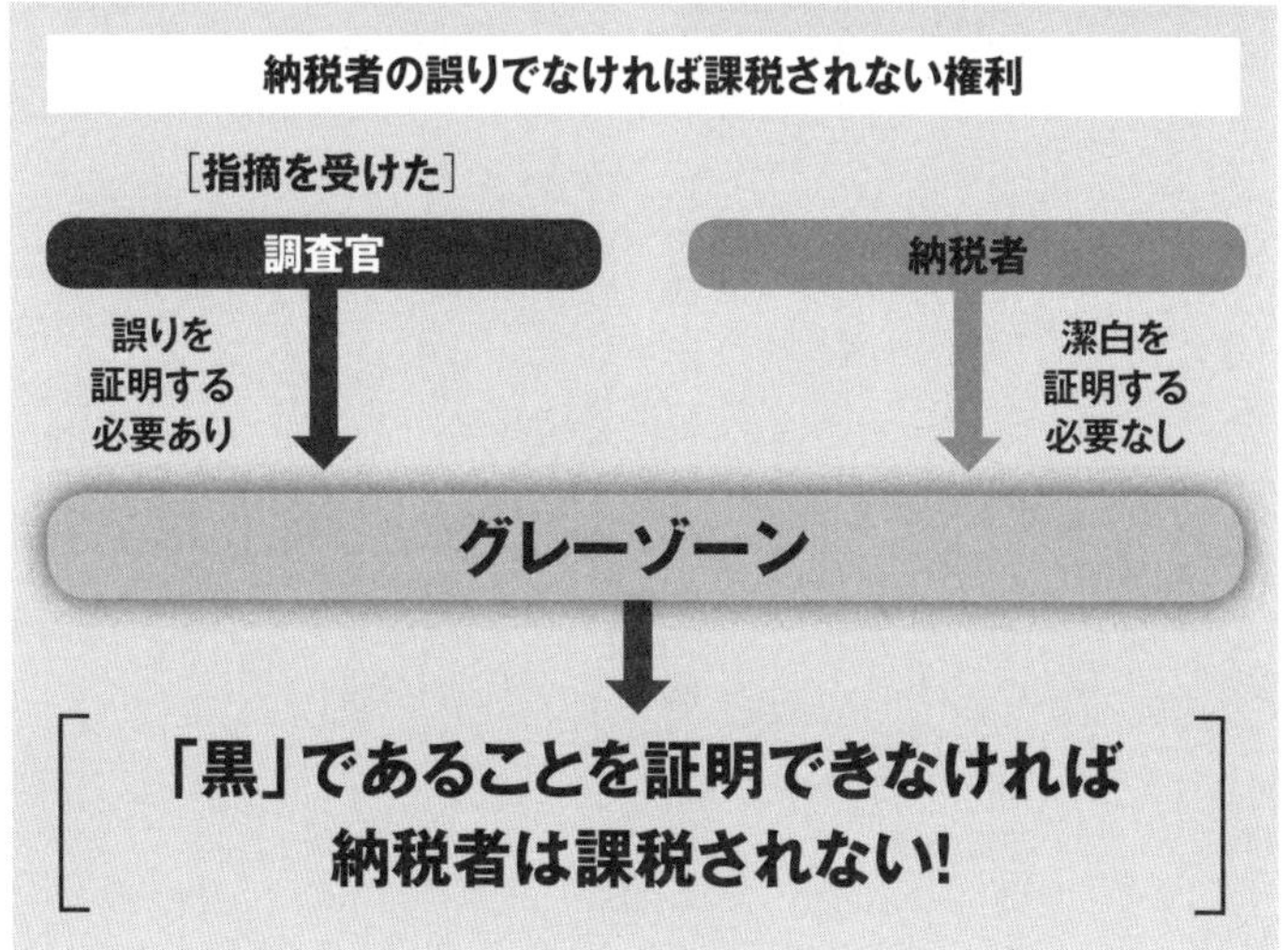

税務調査はどういうことをするのか？

税務調査とは、具体的にどういうことをするのかを少しご説明しましょう。

まず基本的には納税者の保管している記録を調べ、代表者や従業員に聞き取りなどをします。事業の状況などを代表者から聞き取り、帳票類などを調べて、税金の申告が適正であるかどうかの確認をするのです。

税務調査では、あらかじめ脱税などの情報があって行う場合もありますが、多くの場合、重要な情報などはありません。そのため調査の中で、脱税摘発につながる証拠の発見につとめることになります。

また税務調査の手法の一つに、**反面調査**というものがあります。

反面調査というのは、調査対象者の取引の相手先を調べることです。取引は相手があることなので、相手側との数字の整合性がない場合は、どちらかが脱税をしている可能性があります。

たとえば、A社がB社に業務依頼をしていたとします。

B社にとっては、それが売上になるので、A社の外注費とB社の売上は一致するはずです。もしA社に外注費があるのに、B社には売上がなかったとしたら、A社が架空の外注費を計上しているか、B社が売上を隠していることになります。

それを調べるのが反面調査です。

飲食店などには**無予告調査**をすることもあります。

前述したように現金商売というのは、非常に脱税しやすい業種です。そのため、この業種に対しては、国税当局はとくに無予告調査を行うようにしています。

普通の税務調査は事前に予告して行われますが、現金商売などは事前に予告をすると、脱税の証拠を隠される恐れがあります。そのため無予告調査をするのです。裁判所の判例でも、必要な場合は、無予告で税務調査ができることになっています。

現金商売への調査をする場合、まず事前に内偵調査が行われます。内偵調査というのは調査官が客を装って店に入り、店内の状況を確認するものです。そこでつかんだ情報をもとに無予告調査を行うのです。

そして無予告調査では、伝票や現金の実際の保管状況を確認し、帳簿との整合性を調べるのです。

マルサとは何？

脱税の摘発というと、「マルサ」をイメージする人も多いでしょう。

映画やテレビなどですっかり有名になった「マルサ」。

筆者も実は、フジテレビ系のドラマ「マルサ!! 東京国税局査察部」や、テレビ朝日系の「ナサケの女~国税局査察官」では、監修をつとめさせてもらっています。まあ、いってみれば、筆者もマルサを有名にした側の人間というわけです。

そういう筆者がいうのもなんですが、マルサというものについて世間は大きく誤解しています。

その誤解を解くため、マルサの真実についてご紹介したいと思います。

まず世間の大きな誤解の一つに、「税務署＝マルサ」と思われていることがあります。

「マルサ」というのは、国税庁の組織の中の一つの部門にすぎず、税務署が全部、マルサのような仕事をしているわけではありません。というよりマルサの仕事は、税務署の中でも特殊な部類に入るのです。

マルサとは、正式には各国税局内にある**「調査査察部」**のことです。

このマルサは、脱税の容疑がある納税者に対して、裁判所の許可をとって強制的に調査をする部門です。

前述したように、税務調査には任意調査と強制調査があります。

任意調査というのは、納税者の同意を得て行われるものです。

そして実は国税庁、税務署が行う税務調査の90％以上は、この任意調査なのです。

一方、強制調査というのは、裁判所から強制調査許可状を得て行われる調査で、納税者の同意は必要ありません。事前にある程度の脱税の情報があがっている納税者に対して、その脱税の全貌（ぜんぼう）を暴くために裁判所が強制調査のゴーサインを出すわけです。強制調査の場合は一切が了解なしに行われ、時にはドアをぶち破られたり、天井や床下を調べられたりもするのです。

この強制調査を担当するのが、マルサなのです。

マルサに入られた納税者は、まったくなにを調べられても拒否はできないし、勝手にどこかへ行くことも許されません。

警察の逮捕や家宅捜索と似たようなものです。

またマルサには警察と同じような取調室があり、被疑者はここに召喚されて取り調べを受けます。

そしてマルサの怖いところは、**「納税者には黙秘権がない」**ということです。

警察の捜査の場合は、逮捕された容疑者には「都合の悪いことを話さなくていい」という黙秘権があります。

しかしマルサの調査の場合、納税者は質問に必ず答えなければならないのです。もしウソをついたり、知っていることを黙っていた場合、そのこと自体がペナルティーになるのです。

マルサは大企業には入らない

マルサというと、巨額な脱税を暴く正義の味方のように見られることも多いものです。

そして、「マルサにはタブーはない」といわれることもあります。マルサは、どんな有力企業であろうが、政治家に関係する企業であろうが、臆(おく)せずに踏み込んでいく、と。

だからこそ正義の味方的な扱いをされ、映画やドラマにもたびたび登場するのです。

しかし、この「マルサの正義の味方説」は本当なのでしょうか？

答えは、まったく違うのです。

マルサにはタブーが多々あり、むしろマルサが踏み込める領域というのは、非常に限られています。

このことは、税務行政の最大の汚点であり、闇だともいえます。

たとえば、あまり知られていませんが、マルサというのは、**大企業には絶対に入れない**のです。信じがたいことかもしれませんが、資本金1億円以上の大企業にマルサが入ったことはほとんどないのです。

つまりマルサは、大企業には踏み込めないのです。

こんなにわかりやすい**「意気地なし」**はないでしょう。

マルサにタブーがないなど、まったくの都市伝説なのです。

なぜマルサは大企業に踏み込まないのでしょうか？

もちろん、国税庁はその理由を用意しています。理由もなく、大企業に入らないのであれば、だれが見てもおかしいからです。

その理由とはこうです。

通常、マルサは1億円以上の追徴課税が見込まれ、また課税回避の手口が悪質だったような場合に入ることになっています。

しかし大企業の場合、利益が数十億あることもあり、1億円の追徴課税といっても、利益に対する割合は低くなります。つまり大企業では1億円程度の脱税では、それほど重い罪（悪質）ではないということになります。中小企業の1億円の脱税と大企業の1億円の脱税は、重さが違うというわけです。

また大企業にはプロの会計士、税理士などが多数ついており、経理上の誤りなどはあまりない、そして大企業の脱税は海外取引に絡むものが多く、裁判になったとき証拠集めが難しい、だからマルサは大企業には入らないということなのです。

これを聞いて、そんなのおかしいだろう！　と思ったのは私だけではないはずです。

確かに中小企業の1億円と大企業の1億円では、利益に対する大きさが違います。大企業の場合、1億円の脱税をしていても、それは利益の数百分の一、数千分の一に過ぎないので、それで査察が入るのはおかしい、というのは、わからないでもありません。

それならば大企業の場合は、マルサが入る基準を引き上げればいいだけの話です。利益の10%以上の脱税額があれば、マルサが入る、という基準にすればいいだけです。

また「大企業の脱税は海外に絡むものが多く、証拠を集めにくい」という理由も**言語道断**です。

こういう理屈が成り立つならば、海外絡みの脱税をすればマルサに捕まらない、ということになります。つまり、よりずる賢く脱税をすれば、マルサは手の出しようがないということです。

現在、大企業にも税務調査は行われています。しかし、これはマルサの強制調査ではなく、任意調査です。

大企業には原則として毎年、税務調査が行われることになっています。規模が大きいので最低でも1か月、長いときには半年かけて行われます。調査官たちは専用の部屋（だいたい応接室の一室）をあてがわれ、下にも置かない扱いを受けます。

そして大企業は大方の場合、税務調査が行われるたびにある程度の追徴税を支払うのです。それは、まるで税務調査に対する手間賃を払っているようにも見えます。

また大企業は顧問として、国税ＯＢの大物税理士をつけていることが多いのです。かのトヨタなども、国税出身の税理士を役員として受け入れています。つまり国税庁側から見れば、大企業というのは**大事な天下り先**でもあるのです。

ようするに大企業と国税庁は、蜜月の関係があるといえるのです。

大企業にマルサが入らない状況が続く限り、マルサが正義の味方などということは、あり得ないのです。

第2章

医者、住職、政治家……脱税の多い業種とは？

脱税はだれがするのか？

では脱税はどんな人がするのか？　を検証してみましょう。

これも一般の人は「強欲な金持ちがするんだろう」と思っているでしょう。

確かにそれは否めません。しかし、そうでなくも脱税しているケースもあり、また逆に強欲な金持ちでも脱税をしていないケースは多々あるのです。

脱税をする者は、大きく分けて次の三つのパターンがあります。

①節税の知識がない者
②脱税をしやすい状況にある者
③裏金が必要な者

この三つのパターンを順に説明しましょう。

まず①の節税の知識がない者について見てみましょう。

脱税というのは、高度な経済犯罪のように思われますが、実はそうではありません。高度な経済知識を持っている者は、脱税などせずに合法的に巧妙な節税をしているものです。

税務署の税務調査で発覚した不正事案を見た場合、もっとも多いのが**「急に儲かった者**

が税金の多さにびっくりして、税金逃れをしたもの」です。

急に儲かった者というのは、日ごろ計画的な節税などは行っていません。そして決算を組んでみて、税金の多さに仰天するのです。

しかし税金というのは、決算期が来たときには、もう確定しています。決算期が過ぎた後に節税しようと思っても、できないのです。そのために、不正な方法で税金を逃れるのです。つまり「節税の知識がない者が脱税に走る」ということです。

次に②の脱税をしやすい状況にある者について述べましょう。

実は経済社会の中では、脱税をしやすい業種というものが存在します。

それは不特定多数の客を相手に現金で取引が行われ、領収書の発行もあまりない業種です。

具体的に言えば、飲食業や水商売などが該当します。

客が不特定多数で現金取引、領収書のやりとりもないとなれば、経営者が売上金をポケットにいれたら外部にはわかりません。真実の売上を示す記録がほとんどないので、脱税をしても税務署にはなかなか見つからないのです。

こういう業種の者たちは、脱税をするケースが多いのです。

「脱税しやすい状況にいるからといって、脱税をするとは限らないだろう」

と思う人もいるかもしれません。が、残念ながら人というのは弱くできているようで、脱税をしやすい状況にいる人は脱税をする可能性が上がるのです。

データ的に見ても、明確に「脱税をしやすい状況にいる者の脱税」は多くあります。国税庁の統計データなどによると現金商売の業種は、不正の割合が非常に高いのです。

最後に③の裏金が必要な者については前章で紹介したように、ビジネスの世界では裏金が必要な場合もあります。裏金がどうしても必要な場合、収益の一部を隠すことになるので、必然的に脱税になります。そういうものは脱税をしたくなくても、脱税をせざるを得ないのです。

なぜ飲食店は脱税が多いのか？

これからは脱税をしやすい業種について個別にご説明していきたいと思います。

まず最初に挙げられるのは、飲食店です。

私は、別に飲食店に恨みがあるわけではありません。私は一人暮らしで、基本的に毎食、飲食店にお世話になっています。だから、悪意があるわけではまったくないのです。

けれど飲食店に脱税が多いのは、厳然たる事実ですし、データできっちり表れていることなのです。

飲食店に脱税が多い理由は、なんといっても**「脱税がしやすい」**ことです。

彼らの商売は他の商売に比べて、断然脱税がしやすいのです。飲食店では、ほとんど領収書を切ることがありません。領収書を切らないでいいということは、自分の売上が外部に漏れないと同じ意味です。

しかも売上は現金で入ってきます。

これが銀行振り込みなどならば、銀行に記録が残ってしまいます。でも現金のやり取りならば、どこにも記録は残りません。

だから売上金をこっそりポケットにしまいこんでしまえば、その現場を見られていない限り、脱税は成功してしまうのです。毎日3万円ずつ抜いていれば、それだけで年間1000万円の所得を隠すことができます。脱税額にして300～400万円です。

こんなに簡単に脱税ができてしまうのだから、思わず「やってしまう」というのが人情というものかもしれません。

税務署でも、彼らの脱税を放置しているわけではありません。

税務署では時々、彼らに抜き打ちの調査を仕掛けます。

税務調査というのは、基本的に事前に通知して行われます。でも前述したように飲食店などの現金商売に限っては、抜き打ちでの調査ができることになっているのです。それは判例でも認められているのです。彼らに事前通知をすれば、脱税の証拠が隠されてしまうからです。裁判所も、飲食店の脱税の多さを認めているわけです。

また抜き打ちで調査するだけでは、脱税を発見する可能性は低いので、事前に内偵調査をすることもあります。客として店内に潜り込んで、店の繁盛具合などをチェックしておくのです。そして、きちんと伝票をつけているか、伝票は捨てられていないかなどもチェックするわけです。

飲食店側も、税務署員がときどき客として潜り込んでいることは知っています。だから、「あの人、税務署の人かも知れないなあ」と思ったら、そのときだけ、きちんと経理をしたりするのです。

まったくのいたちごっこというわけです。

ただ飲食店の場合、成功すること自体が非常に難しいので、脱税するほど儲けている人は、非常にラッキーな部類に入るのでしょう。

風俗業も脱税しやすい

飲食業と同様に風俗業も脱税しやすく、脱税常態業種だといえます。

風俗業は、飲食業よりもさらに脱税をしやすい条件を持っているのです。

風俗業は飲食業が持っている三つの脱税条件、

- **領収書の発行があまりいらないこと**
- **客は不特定多数であること**
- **仕入と売上に厳密な関連性がないこと**

を持っています。

そして風俗業はこの三つの他にも、さらに脱税をしやすい条件を持っています。

それは、**「実質的な経営者がなかなかわからない」**ということです。風俗業界には怪しい経営者が多いものです。

そして風俗店というのは経営実態が非常に複雑で、実際にだれが経営しているのか、なかなかわからないようになっています。店員や店長でさえ、実質的な経営者がだれなのか、わからないということもマレではないのです。

そのため「あの店は税金を納めていない」とわかっても、税務当局はだれを追及すればよいのかわからない、ということになってしまうのです。

税金の申告をまったくしていない業者も珍しくないのです。もちろんぼったくり風俗業者などが税金の申告などしていないことは、いうまでもありません。

また風俗というのは経営者が変わることも多いし、改廃業も激しい業界です。税務当局がやっと経営者をつきとめたときには、店がなくなってしまっていたことも珍しくないのです。

もともと収入がわかりにくい上に、その収入を得ている人がだれだかわからないという状況が生じており、脱税を非常にしやすい状況になっているのです。

また風俗店に勤める従業員たちの税金も当然、脱税されていることが多いものです。風俗店にも、従業員に対しては源泉徴収の義務があります。

しかし店自体が税金を納めていない、税務申告をしていない場合は当然、源泉徴収などしているはずはありません。

また経営者がはっきりしていて適正な税務申告をしているとしても、従業員から源泉徴収は適正にされていないケースが多いのです。風俗店の従業員、風俗嬢などは源泉徴収をされるのを非常に嫌がるので、店のほうもあの手この手を使って源泉徴収をしないでいい

ようにしているのです。

風俗店の従業員も入れ替わりが激しく、同じ店に長期間在籍する人はマレです。そのため短期のパート勤務ということにしていても、なんら不思議はなく、店側はいくらでも言い訳ができるのです。

税務当局も調査などの際に、「これは臭いなあ」と感じることも多くあります。でも風俗店の従業員というのは、居場所がすぐに不明となるため、確認のしようがありません。

また風俗店の従業員には店から受け取る正規の給料のほかに、密室でもらう別料金という収入源があります。当然のことながら、この密室報酬に対して税金のかけようがないのです。

もしこの密室収入に税金をかけることになれば、税務署が売春行為を事業として認めたことになり、違法行為を正当と認定したことになります。

しかし、税務当局も風俗業の脱税をただ手をこまねいて見ているわけではありません。というより風俗業は、税務当局のお得意さんの一つでもあるのです。

長期間継続して営業している風俗店は、当たり前に税務調査も受けるし、脱税が発覚し追徴税を取られることもしばしばあります。昨今は、風俗店も「闇」ではなかなか営業しづらくなっているので、今後は税務当局の指導、摘発を受けることも多くなってくると見られています。

六本木会員制クラブの脱税

飲食、風俗業の脱税の典型例を一つ紹介したいと思います。
まず次の記事をご覧ください。

1億円脱税、六本木の会員制高級クラブ元経営者を告発　東京国税局

約1億円を脱税したとして、東京国税局が所得税法違反や消費税法違反などの罪で、東京・六本木の会員制高級クラブなどを経営していた男を東京地検に告発していたことが15日、関係者への取材で分かった。

関係者によると、告発されたのは、五十嵐優光（まさみつ）元経営者（53）＝川崎市麻生区。五十嵐元経営者は平成25年1月～28年9月、ホステスや従業員の給与から源泉徴収した所得税を納付しなかったほか、高級クラブやバー、貸しスタジオなどの売り上げを一切申告せず、所得税や消費税など計約1億８００万円を脱税したとしている。脱税で得た資金は経営する別会社の事業に充てていたという。
五十嵐元経営者は、従業員名義で店の賃貸借契約をしたほか、店名や所在地を変えるなどしていたとみられ、国税庁は、経営実態を秘匿し、脱税の発覚を免れようとしたとみている。クラブなどはすでに閉店、営業譲渡しているという。

（産経新聞　２０１８年5月15日配信）

この事件は水商売系の脱税のありとあらゆる手口を駆使したもので、水商売系の脱税の「モデルケース」とさえいえるでしょう。

まず目につくのが、経営者の正体を隠していたという点です。

水商売や風俗業というのは、実質の経営者がだれかわからないようになっているケースが多々あります。そして実質の経営者がわからなければ、税務署は税金をかけることができないのです。

税務には「実質課税の原則」というものがあり、名目上はどうであれ実質的に収入を得ている者が税金を負担します。だから、この会員制クラブも、従業員の名義で店を借りるなどし、おそらく名目上の責任者は従業員になっていたと思われます。しかし、この従業員が実質的な経営者ではない場合、税務署はこの従業員に税金を課すことはできず、本当の経営者を探し出さなくてはならないのです。

しかも、この経営者は**最初から税金を逃れる気満々**です。

もちろん店の名義人となっている従業員には、自分の正体を絶対、明かさないように釘を刺していたでしょう。もしかしたら従業員にさえ、自分の本当の正体は明かしていなかったのかもしれません。

また店名や、納税地となる所在地を頻繁に変えるなどして、なかなか実態をつかまれないようにしていたのです。店名を変えたり、所在地を転々とするというのも、水商売や風俗業の脱税の定番スキームです。

所在地が変われば税務署の管轄も変わることが多いので、税務署は継続的に追跡することができません。

では、なぜ今回、この経営者は摘発されたのでしょうか?

まず言えるのが税務署は、以前から目をつけて監視をしていたのでしょう。

所得税などを1億円以上逃れていたということは、収入にすれば2~3億円あったことになります。それだけの大きな商売をやっていれば、税務署としても、なにかしら気づくはずです。会員制クラブは接待交際で使われることも多いはずなので、その際には領収書を発行していたと思われます。その領収書が、まわりまわって税務署の手に落ちたことも考えられます。

またこの経営者の口座に巨額の金が出たり入ったりしていれば、税務署は「この口座は何だろう？」と疑問を持ち、口座の持ち主を丹念に調べたことも考えられます。

そうこうして、この経営者と会員制クラブが関わりをつかんだのでしょう。

そして税務署よりも広い範囲で税務調査を行える国税局に報告され、国税局査察部の事案として、この事件を追っかけることになったのでしょう。

ただし、だからといって、この経営者の脱税が洗いざらい解明されたとは限りません。

この脱税した1億800万円というのは、国税が明確に証拠を押さえた額です。この手の脱税は、国税側はその全貌を完全に把握することはできません。というのも不特定多数の人から現金で受け取った収入というのは、完全に把握することは非常に難しいのです。

領収書を発行していない場合も多々あります。そういう収入というのは、そのお金をどこかに預けたり、費消しないと、どこにも記録は残らないのです。

もし、どこにも預けずに現金で隠し持っていて、現金払いでお金を費消していた場合、まったく記録は残りません。だから、その分の収入は、把握できないことになります。

国税としては現在、把握している記録だけを元に、収入額を計算するしかないのです。

水商売や風俗業というのは、それほど脱税がしやすいことを如実にあらわしています。しかも、この業界の経営者は納税意欲は非常に薄く、脱税するためにありとあらゆる努力をしている場合が多いのです。今回の経営者のように。

医者の脱税も多い

飲食店の次に挙げられる脱税業種は医者です。

毎年、国税庁が発表する課税漏れ事案の集計（いわゆる脱税白書）では、医者が長い間、常連になっています。

医療費というのは、社会保険で払われる額が大きいものです。医者が診察代を社会保険に請求する際に、その記録が残ります。だから医療業界というのは、売上の記録が残るので脱税しにくいはずです。

とくに最近では個人経営の医者がほとんどなくなり、医療法人という形になっていますので、経理などをきちんとつけなくてはなりません。脱税はなくなっていいはずです。

なのに、なぜ医者は相変わらず脱税常連業種なのか？

その答えは、**美容整形**にあります。昨今、美容整形が流行しています。

この美容整形には保険が効かないので、自由診療となります。ということは、医者は社会保険に請求書を送らなくていい、売上の記録が外部に漏れないわけです。

しかもお客さんは不特定多数であり、お金の支払いは院内という「密室」で行われます。内部の人間が黙っていれば、脱税は簡単にできてしまうのです。

医者のうち目端の利くものは、「今後、社会保険は削られるばかりだから、自由診療の美容整形に移ったほうがいい」という理由で美容整形業界に数多く参入してきたようです。

しかし、この脱税も税務署には見つかっているわけです。見つかっているから脱税白書に載っているのです。

税務署はどうやってこの脱税を発見しているのかというと、税務調査で病院内に入ってカルテをあさったり、医者の銀行預金を調べたりするわけです。ほかにも世間の噂などの伝聞情報をいろいろかき集めて、脱税の端緒を探っているわけです。

医者というのはその点、世間知らずであります。

彼らは大量の現金を自宅の畳の下に隠し、表向きは質素な生活をするような真似はできません。高級外車を乗り回して派手に遊びまわるので、税務署にすぐに察知されてしまうのです。

開業医の経費概算制度

社会保険診療報酬	経費の算出式
2,500万円以下	社会保険診療報酬×72%
2,500万円を超え 3,000万円以下	社会保険診療報酬×70%+50万円
3,000万円を超え 4,000万円以下	社会保険診療報酬×62%+290万円
4,000万円を超え 5,000万円以下	社会保険診療報酬×57%+490万円

医者の２つの収入源

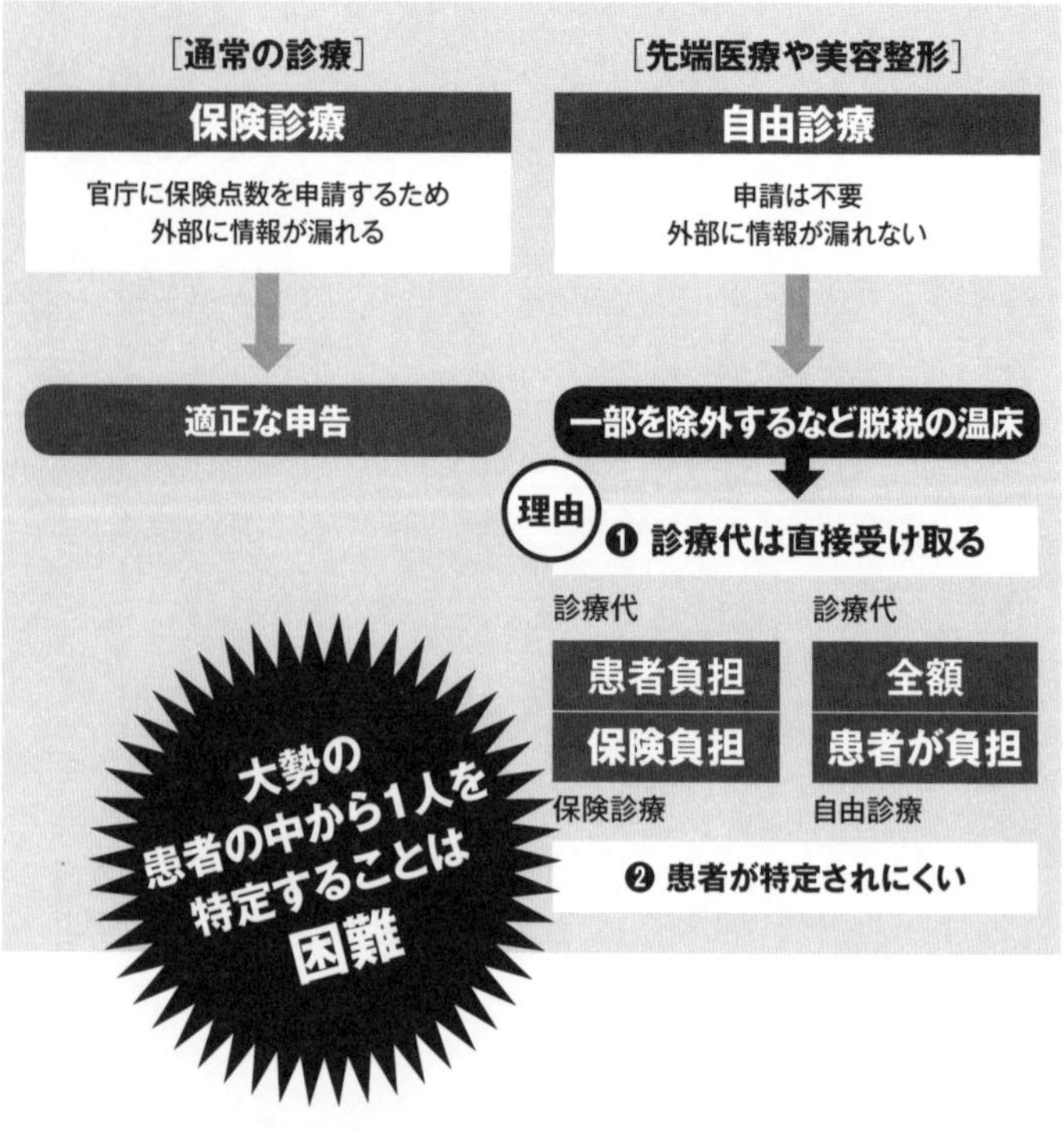

［通常の診療］

保険診療

官庁に保険点数を申請するため
外部に情報が漏れる

↓

適正な申告

［先端医療や美容整形］

自由診療

申請は不要
外部に情報が漏れない

↓

一部を除外するなど脱税の温床

↓

理由

❶ 診療代は直接受け取る

診療代	診療代
患者負担	全額
保険負担	患者が負担
保険診療	自由診療

❷ 患者が特定されにくい

大勢の
患者の中から1人を
特定することは
困難

住職も脱税常習業種

信じられないかもしれませんが、実はお坊さんも脱税常習の職業なのです。

「お坊さんも税金を払っているの？」と思う人もいるでしょう。

お坊さんも一応、税金は払っているのです。


お寺など宗教団体への布施、寄付などは原則として税金はかかりません。しかし、お坊さん自身の収入には税金がかかることになっているのです。

お坊さんは、お寺という宗教法人から給料をもらうという建前になっています。つまりサラリーマンと一緒です。

その給料には当然、税金がかかるわけです。

お寺は会社と同じようにお坊さんの給料から税金を天引きして、税務署に納めなければならないのです。

しかし、お寺の管理はだれがしているかというと、お坊さん自身なわけです。結局、寺の財布はお坊さんが握っているわけです。

となると、給料を帳簿に記載しなかったり、寺のお金をちょろまかしたりが簡単にできます。

またお寺の収入というのは、とても脱税しやすいものです。

寺の収入の柱は、檀家からのお布施です。葬式や法事などのときに、檀家の人がそっと包みを渡す、あれです。

このお布施というのは、多くの場合、領収書がいりません。しかも密室の取引です。外部からはだれもその取引を見ていません。

となるとお坊さんがお布施をもらって、帳簿に記載せずにそのまま着服してしまっても、外からはなかなかわからないわけです。

このように脱税がしやすい状況にいる人は、得てして脱税をしてしまうものです。どうせばれないいんだったら、税金は安いにこしたことはないというわけです。

しかし心の修行を積んだお坊さんのこと、そんな誘惑には乗らないいんじゃないか……などということは、まったくありません。

お坊さんという奴らは、もう本当に税金を誤魔化すのが好きでであります。

私もお坊さんのところに税務調査に時々行きました。百発百中くらいの精度で、税金を誤魔化しておりました。

お坊さんは給与所得者

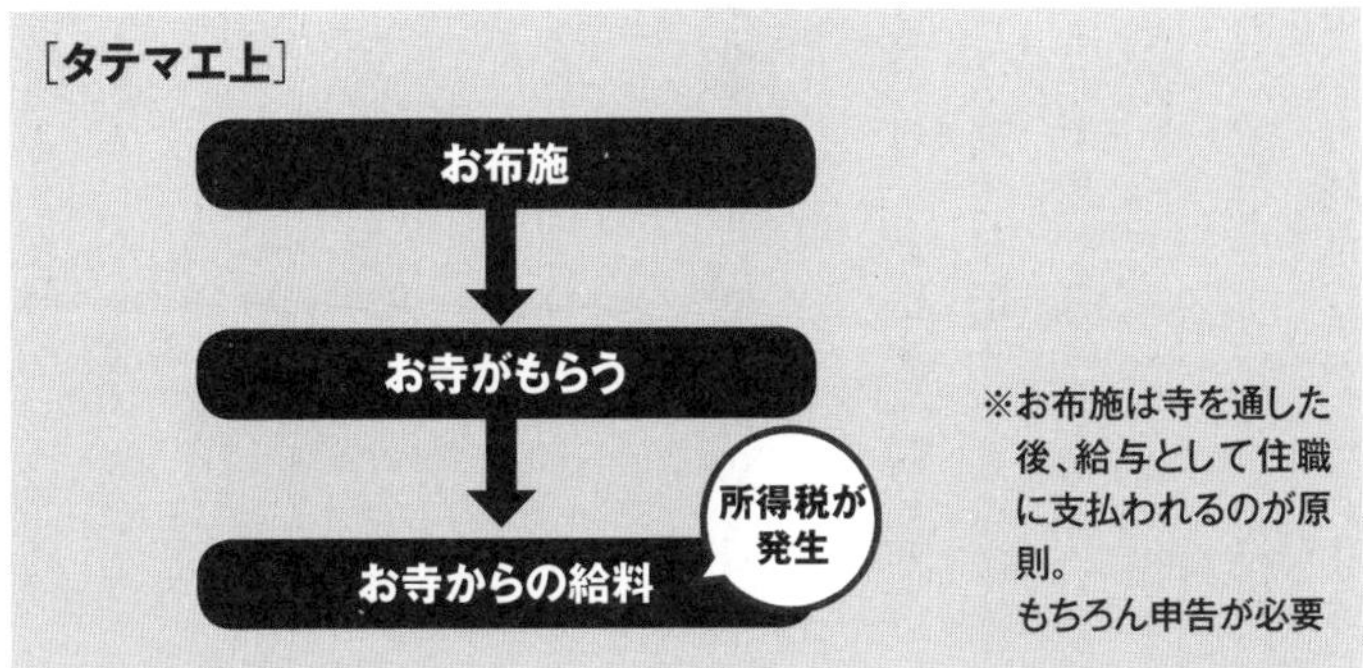

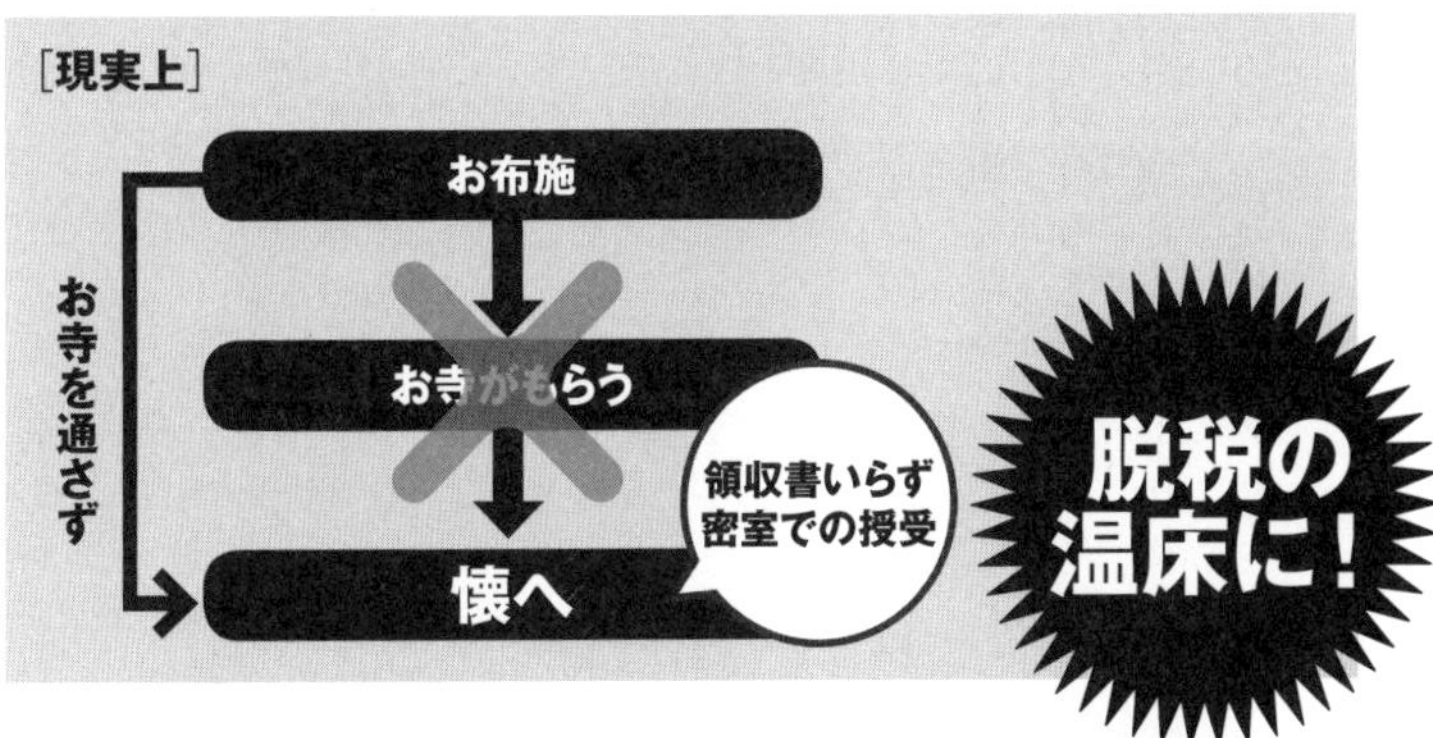

「寺＝自宅」で公私の区別がなくなる

寺と自宅が併設しているところがほとんどのため、
公私の区別がつかなくなり、
寺の金を個人的な部分に使いやすくなる
宗教法人のため、家賃・固定資産税もない

しかも不正が見つかっても、彼らはまったく悪びれる様子はないのです。

たとえば、こんな具合です。

「住職、〇月〇日に葬式に行ってますよね？　そのときのお布施はどうしたんですか？」

「うん？　どうだったかな。帳簿に載っていないかの」

「載っていません。この分の税金は払ってもらいますよ」

「おう、そうじゃのう。税金はきちんと払わなくちゃならんのう」

食えない奴とは、彼らのことを言うのでしょう。

政治家もやはり脱税が多い

一般には「政治家も脱税が多いんじゃないか」と思っている人も多いと思います。

そして残念ながら、実際に政治家には脱税が多いのです。

そもそも政治家のお金というのは、だれもチェックしていないのと同じなのです。

政治家というのは、原則的に税務署の調査は受けません。

歳費（議員としての給料）以外の収入は、政治家個人がもらうのではなく、政治団体がもらうという建前になっています。

そして政治団体は事業者ではないので、税金を納める必要はないのです。税金を納めていないので、税務署の管轄外になります。だから原則として税務調査は受けないのです。

税務調査を受けないということは、**外部から会計のチェックをする人がいない**ことを意味します。

一般企業の場合、税務調査があるので嫌でも会計を外部からチェックされます。だから、いい加減な経理はできないのです。

しかし政治家の場合は、それがないので経理は適当になるのです。政治団体にも一応、監査機関はありますが、税務署に比べれば**子供ダマシ**のようなものです。

だから政治家は監査機関などは全然怖くありません。むしろ敵対政党や市民からリークされるのが一番怖いのです。

しかも以前は、事務所経費に領収書の添付が義務付けられていませんでした。これは世間をなめています。領収書の添付が義務付けられていないということは、実質的に無制限に経費が認められるわけです。

だから国会議員の先生方は、都合の悪い経費はこぞって事務所経費にぶち込んだわけです。

もし政治資金を使って豪遊して、年間何百万、何千万使ったとしても、事務所経費にぶち込んでおけば、お咎めなしなのです。こんな都合のいいことはないのです。そういうことがまかり通っていたのだから、政治の世界とは恐ろしいものです。

税務署が政治家に甘い理由

前項で原則として政治家には税務署は入らないということを述べました。でも税務署は政治家に入れないわけではないのです。入ろうと思えば入れるのです。

たとえば国会議員が政治団体から政治資金を勝手に引き出して、自分個人のために費消したとします。それは国会議員の収入になるのだから、税金の申告をしなければなりません。申告されていなければ、税務署としては追徴課税を食らわせてもいいはずなのです。

こういうケースはいくらでもあることです。でも、税務署が政治家のところに税務調査に入ることはほとんどありません。

それはなぜかというと、**役人は政治家に弱い**からです。税務署の調査官も役人です。役人というのは、政治家の子分です。

これは単に政治家と役人の意識をあらわしているわけではなく、組織上、そういうシステムになっているのです。

だから役人である税務署は、ボスである政治家に闇雲（やみくも）に調査をしたりできないのです。

今まで脱税や課税漏れで調査を受けた政治家は何人かいますが、どれも**「ワケあり」**の人たちばかりです。

政治家の中で税務調査を受けた政治家として、有名なのが故金丸信氏と故加藤紘一氏です。

故金丸氏は、闇献金問題で世間から散々叩かれて議員を辞職した後に、脱税で摘発されました。故加藤氏は自民党の執行部に反旗をひるがえしたいわゆる「加藤の乱」を起こし、それが失敗した後、税務調査を受けました。

つまり彼らは政治的な力を失ったときに、国税に入られたわけです。逆にいえば、手負いの状態でなければ、国税に入られるようなことはなかったのです。

今まで「勢いのある政治家」が、国税に入られたことは一度もありません。まあ、つまりは、国税という組織も、**政治家の顔色をうかがってやっている**わけなのです。

国税出身の私がいうのだから間違いはありません。

地方の田舎の税務署でも、地域の有力者から圧力がかかって、税務調査を中止するようなこともあります。

建設土木業の脱税

建設土木業も脱税の多い業界です。

それでも建設土木業の脱税は、ほかの業種の脱税とは少し趣が違います。建設土木業は、蓄財のためというより、「裏金ねん出のため」に脱税をすることが多いのです。

普通、脱税というのは、蓄財のために行われることが多いものです。建設土木業にも、もちろん蓄財のための脱税は存在します。

しかし非常に目立つのが裏金をつくる必要があり、やむにやまれず脱税をしているケースなのです。

建設土木業というのは、ピラミッド型の組織になっています。

大きな仕事などは、大手ゼネコン→下請け→孫請け→ひ孫請けという具合で発注されることが多くあります。そのため下位に属する企業は、仕事を獲得するために工作資金(裏金)を必要とするのです。

だから建設土木業の脱税でもっともポピュラーなのは、下請け業者から工事代金の一部を裏でバックさせて、それを裏金化するという方法です。末端の下請け業者は、会社の交際費などに偽装してバックリベートをねん出している場合もありますが、代表者のポケットマネーから支払われることもあります。

また公共事業を受注するためには、政治家への裏の政治献金も必要とします。そのため公共事業を受注した企業は、発注元にリベートを支払うのです。

末端の孫請け業者→下請け→大手と、そのリベートは還流され、最終的に政治家に行きつくようになっているのです。

建設土木業界自体が**政治資金ねん出機構**となっており、公共事業の裏リベートは一部の革新政党以外、どの政治家も受け取っているといわれています。また逆にそのお金を受け取らない政治家はゼネコン関係から見放され、選挙でまったく協力が得られなくなるので、もらわざるを得ないともいわれています。

税務当局も、建設業界の裏リベートの存在は当然知っています。

しかし建設土木業者にとって、この裏リベートは仕事をもらうための死活問題的な支出です。税務署にばれないように必死の操作をしているため、なかなか摘発にはつながらないのです。

代表者のポケットマネーから支出されたりしていれば、会社の帳簿上には出てこないお金なので、脱税として摘発される可能性は少ないのです。

また、もし裏リベートの存在をつかんでも、払った側が「自分のほうに使途不明金として課税してくれ」と税務当局に泣きついてくる場合も多くあります。下請け業者にとって、発注先が裏リベートの収受で脱税摘発されたりすれば、仕事がもらえなくなるからです。

税務当局としても下請け業者をつぶすわけにもいかず、その申し出を受けることが多くあります。そのため税務当局が裏リベートを発見しても、実際にお金を得ている者には課税できないことも多いのです。

さらに、税務署が下手にこの脱税に突っ込むと、政治家や建設土木業界から強烈な圧力を加えられることもあります。

インターネットの脱税

昨今ではインターネット事業者の脱税も増えています。

ネットを使うことで、だれでも簡単にビジネスができるようになりました。インターネットでは、さまざまなビジネスが行われています。

ホームページをつくって通信販売をする人、ホームページをつくることはしないでＹＡＨＯＯ！などのオークションで物を売っている人、アフィリエイトで稼ぐ人、果ては違法

商品の売買やネズミ講の勧誘まで、ネットではありとあらゆる商売が行われています。

インターネットのビジネスは、ヒットすればとてつもない利益を上げることもあります。ネットビジネスで、かなりの資産を築く「ネット長者」もたくさん出現してきています。

それとともに、ネットがらみの脱税も非常に増えているのです。**インターネットは犯罪の温床**といわれていますが、脱税でも温床になっているのです。

インターネットでの商売は、税務署の目が届きにくいという性質を持っています。

「どこのだれが運営しているのか」

「どのくらい儲かっているのか」

「だれが購入しているのか」

ということが、なかなかわかりにくくなっているからです。

普通の事業だったら、これらのことは簡単に把握できます。事業所や店舗に行って、概況を見たりする調査をすればすむからです。

でもインターネット事業の場合、ホームページを見ただけでは、なかなか事業の概況は見えてこないのです。だから、非常に脱税が見つかりにくいといえます。

インターネットのビジネスは専従の業者だけではなく、サラリーマンなどが副業として事業を行っているケースも多いようです。

これらの場合、税金の申告をはじめから放棄していることもあります。税金の申告の義務があることを知らなかったり、知っていても、「どうせわからないだろう」と思って申告しないのです。

昨今、税務署は電子取引の調査チームをつくって、ネットの取引を重点的に調査していますが、発覚した申告漏れの中で**無申告は2割もあった**そうです。

とくにサラリーマンがネットで副業をしている場合に、申告をしていないケースが多いようです。

サラリーマンは日頃、給料の税金は会社がすべて取り仕切っているので、税金に関する手続きに慣れていません。だから副業をした場合でも、自分から申告しようとはなかなかならないようです。

小さな副業であっても**30万円以上の収入があれば、申告しなければなりません**。これを知らないで、申告をし忘れ、脱税状態になっている人も多いのです。

ネットビジネスで儲けが出た場合、サラリーマンの副業であっても申告をしなければなりません。

これまでサラリーマンの副業の脱税などは、大目に見られてきました。額自体が大したことなかったからです。

でも昨今では、サラリーマンの副業でも月に数十万、数百万を稼ぐ人が出てきています。

そういう人たちをいつまでも野放しにしておくほど、税務署はお人よしではありません。

おそらく近々、サラリーマンの副業でも税務調査が大々的に行われる日が来るでしょう。

ＦＸの脱税

ＦＸは一時期、非常に流行っていました。

アベノミクスで円安になってからは、一気に下火になりましたが、それ以前は、本屋さんに行けばＦＸの本があふれていました。

ＦＸとは簡単にいえば、外国為替証拠金取引のことです。自分が持っている円で外貨を購入し利息などを得るのです。

日本ではずっと低金利が続いていますが、外国では金利が高いところはいくらでもあります。そういう金利が高い国の通貨を買うことで儲けようというのがＦＸなわけです。

そしてＦＸが流行ったのは、レバレッジを利用することで自分の持ち金の何十倍、何百倍の取引ができるようになったからです。

レバレッジというのは簡単にいえば、証拠金を預託し、もしその証拠金分の損失が出た場合は、その時点で取引がストップしてしまうことを前提にして、証拠金の何十倍、何百倍の取引をするものです。

たとえば10万円を証拠金として預託し、20倍のレバレッジを利用したとします。すると10万円の20倍の取引、つまり200万円の取引ができるわけです。ようするに10万円で、200万円分の取引ができるというわけです。

200万円もの取引ができるのなら、法定利率が3%の外貨預金を買えば、年間6万円の利子がもらえます。月にすれば5000円です。

たった10万円投資しただけで、月に5000円の利子が受け取られる、まさに夢のような金融取引なわけです。

でも、もちろん外貨取引なので、為替相場による危険はあります。

もし為替相場で損が出て、その損額が10万円に達した場合、証拠金はすべて没収されます。200万円の取引をしていれば、10万円の為替差損などは簡単に出てしまいます。

だから、危険も大きい取引ではあるのです。

でも以前は円高で安定している期間が続いていたので、FXは金のなる木だったわけです。

そして**「儲かるところに脱税あり」**です。

だからこのFX取引、脱税もかなり多かったのです。

またFXは脱税がしやすいものでもありました。

通常の個人投資家の株取引では、脱税はあまりありません。なぜなら証券会社を通した株の売買などは、原則的に証券会社が税金面も面倒を見てくれるので、脱税になることはあまりなかったのです。

でもFX取引の場合、自分で申告しなければなりません。自分で申告をしなければならないということは、申告をしないことも生じるということです。

そして申告をしなければ、そのまま脱税になってしまうのです。

FX取引では、主婦や無職の人が数億円の脱税をしていたケースもあります。

サラリーマンも最近では海外株の売買やFXをしている人が増えていますが、申告していない場合も多いようです。

税務署は今のところ高額な脱税、課税漏れしか摘発していませんが、今後は広範囲に摘発していくものと考えられます。

この脱税は、いったん税務署に目をつけられると、簡単に発覚するものでもあります。

税務署が業者を回ってFXをしている人の名簿を集めれば、だれがどのくらい儲けているかは一網打尽にわかってしまうのです。

闇サイトの脱税幇助

インターネットでは、自身がネットビジネスで脱税することのほかに、他人の脱税を助けるビジネスも行われています。

具体的にいえば、他人名義預金口座の売買、偽領収書の売買などです。

他人名義預金口座というのは、その名のとおり自分の名前以外の預金口座のことです。脱税した収入などを入れるために使うのです。ほかにもオレオレ詐欺などでも、仮名口座が使われることが多いのです。

この他人名義口座は、お金に困っている人が預金口座をつくり、それを販売するというケースも多いようです。だから犯罪が発覚して、この口座の持ち主を調べたら、ホームレスの人だったというようなこともありました。

また偽領収書の売買というのは、領収書偽造業者が偽の領収書を販売しているのです。この架空領収書を購入して自分の事業などの経費に計上し、脱税するという方法です。

架空領収書の発行者名はまったくの架空のこともありますが、実在した企業の場合もあ

ニセ領収書の販売業者

［B勘屋の特徴］

闇社会で暗躍	・暴力団関係者が行う場合が多い
	・近年ではインターネットでも販売
一般人では買えない	・表看板は掲げていない
	・口コミを中心に販売を行う
幽霊会社の領収書	・倒産状態、休業状態の会社の領収書を発行
	・実印などを使用し、精巧なニセ領収書をつくる
	・額面の5%が販売額の相場

ります。実在していたけれども、倒産してしまった企業などの社印を使って、偽の領収書をつくるやり方です。税務署が「この領収書はおかしい」と思っても、相手先が倒産していれば確認のしようがないわけです。

これらはほぼ犯罪です。が、昔から、こういうビジネスは行われてきました。闇の社会の人しか扱っていなかった商品なので、昔は使用するのもそういう社会の人ばかりでした。

でも今は、一般の人でも簡単に入手することができるので、より広範囲にこの手の脱税は増えているものと思われます。ただし、こういう形で「何かで細工をした脱税」というのは、見つかりやすいものです。どこか不自然な部分が見えてきますので。

しかも、この手の脱税は、昔からあることなので税務署としても対応策をたくさん持っているのです。

新聞社も脱税が多い

あまり知られていませんが、新聞社も脱税が多い業種なのです。

新聞社というと、正論を世の中に訴える「正しい組織」というイメージがあります。だから、税金などもきちんと払っているはずと思っている人も多いでしょう。

しかし、しかし、非常に残念なことに新聞社は、**脱税比率が非常に高い**のです。

そもそも新聞社というのは、脱税がしやすい業種でもあります。

というのも、新聞社などのマスコミには「取材先の秘匿」という権利が認められています。これは国や世間に対して、取材先を開示しなくていい権利です。

取材先を開示すれば、情報提供者がいなくなる恐れがあり、「情報提供者の保護」という観点は、近代国家では当然、認められたマスコミの権利です。

新聞社は、この「取材先の秘匿」を盾にして、国税局に対して「取材費」の内容を開示してこなかったのです。国税局のほうも、マスメディアには「取材先の秘匿」の権利があるので、取材費に対してそれほど突っ込んだ調査はしてきませんでした。

それをいいことに、新聞社は取材費の使い方が非常にずさんになっていました。記者たちの個人的な飲み食いなどに、取材費が流用されていたのです。国税局のほうも、そうそう目をつむってはいられなくなり、取材費に対してもある程度のメスを入れるようになりました。

そうすると、新聞社は「課税漏れ」や「所得隠し」が頻繁に指摘されるようになったのです。

とくに、ひどいのは、あの朝日新聞なのです。

朝日新聞は、**数年おきに「所得隠し」が発覚**しています。

最近では2005年、2007年、2009年、2012年に、「所得隠し」などをしていたことが報じられています。

とくに2009年2月には、報じられた脱税はひどいものでした。

その内容というのは、東京国税局の税務調査で2008年3月期までの7年間に約3億9700万円の所得隠し（仮装隠蔽）をしていたことが、わかったというものです。

この所得隠しのうち、約1800万円は**「カラ出張」**でした。

そして、このときは「所得隠し」以外にも申告漏れが指摘されており、申告漏れの額は全部で約5億1800万円でした。

所得隠し（仮装隠蔽）というのは売上を隠したり、架空の経費をでっち上げたりするなどの「不正行為」のことです。

前述しましたように不正行為があった場合は、その額が大きいときは「税法違反」で起訴されることになり、犯罪としての「脱税」となります。

脱税として起訴される所得隠しの金額の目安は、追徴税額にしてだいたい1億円、所得隠し額でだいたい2億円程度とされています（それより少ない金額でも起訴されることはあります）。朝日新聞の所得隠

東京築地にある朝日新聞東京本社

し額は約3億9700万円ですから、起訴されてもおかしくない額なのです。

つまり朝日新聞は、運よく起訴を免れているだけであり、実質的には**刑事事件に該当するレベル**の「脱税行為」を行っていたのです。

筆者は元国税調査官であり、いろんな脱税行為、所得隠し行為を見聞きしてきましたが、「カラ出張」というのは相当に悪質なものです。かなり素行の悪い企業でも、カラ出張まで行うようなことはめったにありません。

このときは朝日新聞も危機感を持ったようで、京都総局の当時の総局長を停職処分にしたり、東京、大阪、西部、名古屋の各本社編集局長を減給処分にしています。

消費税報道をねじ曲げた朝日新聞の課税漏れ

しかも腹立たしいことに、この朝日新聞の「税金にゆるい体質」は、消費税の報道などにも大きな影響を与えているのです。

朝日新聞は2012年3月31日に異例ともいえる「消費税推進」の社説を発表しました。

「税制改革の法案提出　やはり消費増税は必要だ」

と題されたその社説には、「高齢化が急速に進むなか、社会保障を少しでも安定させ、先進国の中で最悪の財政を立て直していく。その第一歩として、消費税増税が必要だ。私たちはそう考える」と記されており、消費税を強力に推進する内容となっていたのです。

朝日新聞社説2012年3月31日付

この社説に、世間は驚きました。

「いつも国の方針に反対ばかりする朝日新聞がなぜ消費税を推進したのか？」と。

また本来、報道機関というのは「公正中立」じゃないとならないという建前があります。一新聞社が、これほど明確に「自分の主張」を行うことは珍しいことでもあります。

しかし、この衝撃的社説の裏には、朝日新聞の脱税が大きく関係しているのです。

その前日の２０１２年３月30日には、朝日新聞の課税漏れがあったというニュースが報じられているのです。朝日新聞は、東京国税局から５年間で約２億５１００万円の申告漏れを指摘されたのです。このときも不正行為（仮装隠蔽）があり、重加算税が課せられています。

つまり朝日新聞は国税局の指摘を受けた直後に、まるで降参するかのように「消費税増税派」に転向したのです。

しかも特筆すべきことに、「朝日新聞が消費税増税派に転向した途端、朝日新聞の所得隠しのニュースがぱたりとなくなった」ことです。

朝日新聞は2005年、2007年、2009年、2012年に「課税漏れ」のニュースが報じられています。ところが、この2012年3月のニュースを最後に、この手のニュースがぱたりと止んでしまったのです。

朝日新聞のような大企業には、だいたい2〜3年おきに税務調査が行われます。だから、朝日新聞に税務調査が入っていないということはないはずです（もし2012年以降、税務調査が入っていないとすれば、明白に不自然であり、大問題だといえます）。

2012年以降、ニュースになっていないということは、それほど大きな課税漏れなどはなかったということでしょうか。

それまでは、あれほどずさんな会計をしていた朝日新聞が急にきっちり会計をするようになったとは考えにくいのです。筆者の元国税調査官としての感覚からいえば、ずっとずさんな会計をしていた企業が急に身ぎれいになるというようなことは、ありえません。

２０１７年には、朝日新聞の関連会社である朝日広告社の所得隠しが報じられています。このように関連会社は、ずっとずさんなままなのです。本体だけが身ぎれいになったはずはないと断言できます。朝日新聞の本体に対する税務調査には、**税務署や国税局による何らかの作為がある**と思われます。

また課税漏れのニュースなどは、脱税で起訴されない限りは、国税局がリークしなければ報じられることはほとんどありません。だから、もしかしたら、東京国税局が朝日新聞の課税漏れをリークしなくなったのかもしれません。

いずれにしても国税局のなんらかの恣意的な操作があったと疑われても仕方のないところです。

第3章

有名人の課税漏れ事件簿

芸能人は脱税しやすい？

芸能人は、よく脱税や課税漏れのニュースが報じられます。脱税というと、芸能人を真っ先に思い浮かべる人もいるでしょう。

去年も、チュートリアル徳井氏の課税漏れのニュースが流れました。故野村沙知代氏や板東英二氏のように脱税によって信用を失い、メディアへの露出が激減した人もいます。

「芸能人っていうのは、金もたくさん持っているし、やっぱみんな脱税しているんだろうか？」

その答えは**「ノーともいえず、イエスともいえない」**というところです。

以前の芸能人は、確かに脱税が非常に多かったのです。

昔は、芸能人には表に出ない収入がけっこうありました。

「たにまち」と呼ばれるパトロンたちがいて、そこからいろいろ表に出ない経済的な恩恵を受けていました。「たにまち」とは付き合いたくなくても、地方公演などをする際には、その地域の有力者の力を借りなければならないことも多く、必然的にそうした付き合いが出てくるものでした。昨年、話題になった「闇営業」も、そうした付き合いの一環だったといわれています。

そして「たにまち」には、暴力団関係の人も多かったのです。昔のやくざというのは、地域の興行を普通に担っていたのです。「●●組を通さないと、あの地域では興行できない」というケースも多々あったのです。

昔は、芸能人と暴力団との関係がよく取り沙汰されていましたが、その背景にはこういうことがあったのです。

それでも最近は芸能界も近代化し、興行に暴力団が関与するケースもほとんどなくなりましたし、「たにまち」も減っています。だから、芸能人の表に出てこない収入も減っているのです。

芸能人は芸能事務所を通してギャラをもらいますし、芸能事務所も、テレビ局などから正規の報酬だけを得ます。

当然、領収書のやり取りもありますし、収入のほとんどはガラス張りです。

故野村沙知代氏や板東英二氏の脱税も、芸能活動の収入を隠すようなものではなく、経費を水増すようなものばかりでした。

また最近では、好感度調査などが知れ渡るようになり、それが芸能人の生命線ともなっているので、リスクを冒して脱税をする人は減っているようです。

ではなぜ芸能人の脱税や、課税漏れのニュースが多いような気がするのでしょうか？

答えは簡単です。

普通の人や普通の企業であればニュースにならないような課税漏れであっても、芸能人であれば、ニュースになるからです。

普通の企業のちょっとした課税漏れなど、誰も興味を持ちません。しかし芸能人であれば、ちょっとした課税漏れでも、多くの人が興味を持ちます。だからマスコミは、芸能人の課税漏れネタなどをこぞって取り上げるのです。

一般の人ならば1行のニュースにもならない事件でも、芸能人が関係しているとなれば、一面に載ったりするものです。

同じ脱税や課税漏れでも、芸能人はニュースになる確率が非常に高いのです。だから、芸能人ばかりが、脱税や課税漏れをしているような錯覚を覚えるのです。

ただ芸能界というのは、今でも他の業界に比べて脱税や課税漏れが「やや多い」ということはあります。

芸能の世界と言うのは**「ミズモノ」**です。

売れるかどうかが非常にわかりにくい職業です。

また一度売れたとしても、それがいつまで続くかわからない、リスクの高い業界です。

つまり儲かるときと、儲からないときの差が非常に大きいのです。

でも儲かったときには、それなりの税金がかかってしまいます。売れるかどうかの確率が低い職業であっても、売れたときには他の職業と同じ割合で収入に応じて税金を払わなければならないのです。

今売れていてもこのままずっと売れるかどうかわからない、今持っているお金をなるべく多く残したい、税金に取られるのはもったいないということで、芸能人は脱税することが多いのです。

また芸能人は、税金の知識がない人も多いようです。

とくに下積みが長かったような人は、税金どころか今日食べるものにも事欠く生活をしていたことも多いものです。それが売れれば一転して、急に莫大な収入が入ってきます。

そういう人たちは、税金のことなんかまったく考えていません。入ってきたお金をそのまま使ってしまいます。

申告の時期になってやっと税金のことに気づき、その額を見て愕然としてしまうのです。

そして税金を払わないですむように、工作をする人も出てくるというわけです。

脱税をする人は、このパターンが多いですね。

本章では、そういう芸能人有名人の脱税についてご紹介していきたいと思います。

徳井氏はきちんと申告したほうが税金は安かった!?

チュートリアルの徳井氏の課税漏れ問題に驚かれた人も多いでしょう。

筆者も驚きました。

チュートリアル徳井氏の課税漏れは、「ほとんど申告をしていない」という前代未聞のものでした。一般の事例でも、高額所得者があれほど長い間、申告をしていないというケースはめったにありません。

すごく美形なのに変態性を隠さないという芸風は、筆者としても非常に笑いのツボであったので、残念でなりません。

それでも救いがあるのは徳井氏の課税漏れが「欲得にかられた税逃れ」というよりは、**「本当にズボラだったから」**ということです。

徳井氏はチューリップという自分の会社をつくり、その会社が吉本興業からのギャラを受け取るというシステムをとっていました。徳井氏はそのチューリップ社の役員として報酬をもらうという形になっていたのです。

当然、その会社は法人税、消費税の申告をしなければなりません。また徳井氏の報酬に対しては源泉徴収税を納めなくてはなりません。それらの税務に関する手続きを一切していなかったのです。

あれほど有名人であるのに申告を放置していれば、そのうち問題になることはわかっていたはずです。にもかかわらず放置していたということは、本当に**「想像を超えたズボラ」**だったのでしょう。

徳井氏は過去に無申告で税務署から指導を受けており、「税務署から指導が入れば申告する」というスタンスを取っていました。そして収入を隠すなどの税金を減らすための不正工作は行われていなかったようです。

過去に課税漏れでニュースになった芸能人というのは、ほとんどが何らかの「工作」をしていましたから、そういう面での「汚さ」はほとんど見られないわけです。

また元国税調査官の目で見た場合、徳井氏は「無申告にしておくよりも、きちんと申告したほうがよほど税金は安くなった」といえるのです。

なぜ芸能人が会社をつくると税金が安くなるのか？

先ほども述べましたように、徳井氏は「チューリップ」という個人会社をつくっていました。芸能人というのは、よく税金対策として会社をつくります。

が、会社をつくれば税金が安くなるのでしょうか。このことが一般の人には、なかなかわかりにくいと思われるので、まずそれをご説明したいと思います。

事業を始めるとき、その形態は二種類あります。

個人名義で始める「個人事業」と、会社をつくって行う「法人事業」です。

この二つの違いは、**会社の登記をしているか、いないか**だけです。

同じラーメン屋でも会社の登記をしていなければ、ラーメン店の店主の個人事業という位置付けになります。

でも会社の登記をしていれば、ラーメン店はその会社の事業という形になります。

このように登記の違いだけしかない個人事業と法人事業ですが、税金の取り扱いは大きく違ってきます。

まず、かかってくる税金の種類が違うのです。

個人事業の場合は、その事業者の個人の所得税、住民税がかかってきます。

でも法人事業の場合は、法人税、法人住民税がかかってくるのです。

所得税と法人税は税率が違いますから、同じように儲かっても税金の額が違ってくるのです。

このように個人事業と法人事業では、紙切れ一枚の違いながら、税制上の取り扱いはまったく異なるのです。

芸能人というのは、基本的にはテレビに出演したときの出演料（ギャラ）などが、おもな収入源です。

この出演料は事務所が手数料を差し引いて、残りの額が芸能人の手元に行きます。ほとんどの芸能人は事務所に所属していますので、大半はこの形態でギャラが支払われます。

そして、そのギャラが芸能人の所得になります。

芸能人は、衣装代などさまざまな経費がかかりますが、そのほとんどは事務所が丸抱えとなっているので、あまり経費として計上するものはありません（例外はあります）。

なので、ギャラがそのまま所得として税金の対象になるのです。

しかし自分で会社をつくった場合は、ギャラは違う流れになります。

ギャラは所属事務所から、いったん芸能人の会社へ払い込まれることになります。そのギャラは会社の収益として計上され、自分は自分の会社から給料をもらうという形をとることになるのです。

自分の会社では家賃、人件費などさまざまな経費が認められるので、課税対象となる収入を大幅に減らすことができます。

会社をつくる最大のメリットは収入を家族に分散すること

また芸能人が会社をつくることの最大のメリットは、身内（妻、親など）を会社に入れて、収入を分散するということです。

しばしば自分の妻や親を自分の事務所の社長にしていたりすることが多いですよね？身内を会社に入れれば、会社から自分と身内に給料が支払われることになります。つまり自分のギャラがいったん会社に入り、自分と家族がそれを分け合う形になるのです。

日本の所得税は累進課税になっており、収入が多くなれば税率も高くなります。ですので家族で収入を分散すれば、全体の税率を大きく下げることができるのです。

たとえば、5000万円を稼いでいる芸能人がいるとします。

この5000万円を直接本人がもらえば、5000万円に税金がかかってしまいます。

しかし会社をつくれば、5000万円のギャラはまず会社が受け取る形になります。会社は、この5000万円が収益です。

そして会社は、家賃や人件費などさまざまな経費を計上します。

会社の経費で5000万円の半分くらいは、すぐに消すことができるのです。そうなれば、税金も半分ということになります。

また会社の経費は、ただ単に支出されただけではなく、自分に見返りがあるものです。

会社の事務所を自宅マンションに置いておけば、マンションの家賃は経費で落とすことができます。

そして自分の親族を会社の役員や社長にしておけば、その2500万円をさらに分散することができます。

それが5人分だとしても、1人あたりの給料は普通のサラリーマン並みになります。

何もせずに5000万円を受け取るならば、だいたい半分が税金に持っていかれます。

ところが会社をつくれば、**うまくやれば10%～20%程度ですむ**でしょう。

徳井氏はほとんど節税アイテムを使っていない

徳井氏の話に戻りましょう。

彼は会社に身内を入れている形跡もないし、ほかの経費テクニックもほとんど使ってないようなので、会社をつくることのメリットをほとんど享受していません。

また彼は無申告の状態を続けて、税務署の指導を受けてから税務申告をしています。税務署の指導を受けて申告をするということは、経理の内容を逐一税務署のチェックを受けながら申告書を作成することになります。

つまりは税務署と一緒に申告書をつくっているようなものです。

当然、税務署は厳しくチェックすることになります。普通に申告していれば、それほど厳しく突っ込まれない部分も厳しくチェックされてしまうのです。

ほかの芸能人であれば経費で普通に落としているものでも、税務署がはねたケースも多々あったはずです。

たとえば徳井氏の申告漏れの中で、

「衣装代や旅行費用を経費として認められなかった」

〔交際費として認められるおもな支出〕

接待などでの**飲食代**	交流会やイベントへの**参加費**
取引先への**お中元**	取引先への**お歳暮**
ご祝儀	**お香典**
お車代	取引先への**商品券**
接待ゴルフ	取引先への**ギフト券**
取引先との**旅行代**	**会食費**
宴会費	取引先へのお土産など**贈答品**

という話が出ています。

これも、もし税務署の指導の後ではなく、**普通に自分で申告していれば税務署はスルー**していた可能性があります。

芸能人が自前の衣装で出演するときに、その衣装を経費として認められないというケースは普通ないのです。

また旅行費用もうまく理由づけさえしていれば、「福利厚生費」「交際費」「研修費」などで落とせた可能性が高いのです。

ざっくり見積もって、普通に節税して普通に申告していれば、納税額は半分以下ですんだはずです。

徳井氏は、現金で2億円のマンションを購入したという話もありますが、芸能界の第一線で10年以上活躍しているのだから、そのくらいの資産は普通にあるでしょう。

むしろローンを組めば、その数倍のマンションは買えたはずです。無申告だったために納税証明がもらえないのでローンが組めず、現金で買うしかなかったものと思われます。

銀行のローンを組むときは、必ず**税金の申告書のコピー**などを提出しなければならず、無申告の徳井氏は申告書を提出できずローンを組めなかったはずです。

このように彼にとって、**無申告でいいことは何もなかった**のです。

まあ、今回の件は本当に「ズボラさが招いた」といえるでしょう。徳井氏には、このズボラさは直していただきたいものですが、このズボラさがあったからこその芸風だったのかもしれません。芸能人というのは「規格外の性質」が武器になるものですからね。

世間のモラルと、自分の芸風とどう折り合いをつけるかが今後の芸能人に課せられた使命かもしれませんね。

パナマ文書で発覚したメッシの脱税

2016年の7月に、衝撃的な国際ニュースが入ってきました。

サッカーのスーパースターであるメッシが脱税で罰金をくらったというのです。

スペインからの報道では、有力サッカーチーム、バルセロナに所属していたリオネル・メッシ選手と同選手の父が、スペインの裁判所から禁錮1年9か月、罰金370万ユーロ（約4億円）の有罪判決を言い渡されたということです。

スペインでは2年未満の禁錮刑の場合は執行猶予となる慣例があったので、メッシ選手らは収監まではされませんでした。

メッシがどういう脱税をしていたかというと、父とともに肖像権を管理する会社の売上高を過少に申告し、スペインでの税金約420万ユーロを逃れていたのです。

メッシの脱税発覚の端緒は、あの**「パナマ文書」**だったようです。

ご存知のようにパナマ文書というのは、パナマの法律事務所から流出した文書で、ロシアのプーチン大統領、イギリスのキャメロン首相（当時）などタックスヘイブンを利用していた世界中の富裕層、要人たちのリストが書かれていました。その中に、メッシの名前もあったのです。

タックスヘイブンというのは、税金が極端に安い国、地域のことです。ケイマン諸島、パナマ、南太平洋諸島の国々や、広義では香港、シンガポールなども含まれます。

タックスヘイブンに住居地を置けば、個人の税金はほとんどかかりません。

また各国を股にかけている多国籍企業が本拠地をここに置いておけば、法人税の節税もできます。

タックスヘイブンに本社を置いて、各国には子会社を置きます。そして各国の利益は、タックスヘイブンの本社に集中するようにしておくのです。

そうすればその企業グループ全体では、税金を非常に安くすることができるのです。

そしてタックスヘイブンには、もう一つの性質があります。

それは**「守秘性」**です。

タックスヘイブンは自国内に開設された預金口座、法人などの情報を、なかなか他国に開示しないのです。たとえ犯罪に関係する預金口座、企業などであっても、よほどのことがない限り、部外者には漏らさないのです。

そのため世界中から、脱税のための資産隠しをはじめ、麻薬などの犯罪に関係する金、汚職など不正な方法で蓄えた資産が集まってくるのです。

つまりタックスヘイブンは、脱税をほう助するとともに、犯罪マネーの隠し場所にもなっているのです。

しかも、このタックスヘイブンのたちの悪いところは、企業や富裕層を誘致するだけじゃなく、**「名義貸し」**も行っていることです。

匿名の情報源から寄せられた内部文書をもとに76か国、107の報道機関、370人以上のジャーナリストを擁する国際調査報道ジャーナリスト連盟（ICIJ）と南ドイツ新聞が解析を進めてきたのがパナマ文書！
写真はパナマ文書の全貌を伝えるICIJのホームページ。

〔　パナマ文書に記載のあった主な政治家・有名人　〕

デーヴィッド・キャメロン
（イギリス元首相）

孫正義
（ソフトバンク社長）

ミッシェル・プラティニ
（欧州サッカー連盟前会長）

三木谷浩史
（楽天会長）

アヤド・アラウィ
（イラク元首相）

ジャッキー・チェン
（俳優）

リオネル・メッシ
（サッカー選手）

ウラジーミル・プーチン
（ロシア連邦大統領）

習近平
（中華人民共和国国家主席）

ジャン＝マリ・ルペン
（フランス国民戦線前党首）

飯田亮
（セコム創業者）

李明博
（韓国元大統領）

その結果、富裕層や大企業が名義だけタックスヘイブンに置いて税金を逃れたり、銀行口座をつくって資産を秘匿したりするようになったのです。

このニュースは、サッカーファンにとっては、けっこう衝撃でしたね。

メッシは２００７年から２００９年にかけて自分の肖像権から生じる収入を、タックスヘイブンなどにつくった会社の収入として計上していたようです。タックスヘイブンの会社なので当然、税金はかかりません。

あのパナマ文書でも、メッシとメッシの父親が２０１３年にタックスヘイブンに、肖像権を扱う会社をつくったことが明らかになっています。

メッシくらいのスーパースターになると肖像権も大きなビジネスになります。場合によっては、サッカー選手としてのギャラを超えることにもなるでしょう。その肖像権の会社は、ドイツのスポーツ用品大手のアディダス、アメリカのペプシコ、日本のコナミなど多くの有名企業と取引をしており、かなりの売上があったようです。

その大きな収入を、メッシはタックスヘイブンに移そうとしたわけです。

が、メッシが在住していたスペインは、これを**脱税として摘発**したようです。

タックスヘイブンに会社をつくったからといって、税金を払わなくてすむとは限りません。先進国の多くはタックスヘイブンの会社であっても、現地で会社の実態がなければ、それは会社として認めないという方針をとっています。

メッシの場合もタックスヘイブンの会社はあくまで架空のものであり、ビジネスの実態はメッシとメッシの父親がスペインで行っていたと見なされ、スペインの税金が課せられたのでしょう。

またこの件は、メッシがアルゼンチン出身だったことも影響したようです。

アルゼンチンは、スペインの元植民地であり、現在でも多かれ少なかれ、スペインの影響力があるのです。

GACKT氏のファンクラブ運営会社の脱税

平成26年に、ＧＡＣＫＴさんのファンクラブ運営会社が脱税していたというニュースが報じられました。

この脱税事件のあらましはこうです。

ＧＡＣＫＴさんのファンクラブ運営会社は、グッズ製作費やコンサートでの映像制作費などの経費を水増し発注する手口で平成22年9月までの2年間に計約1億９５００万円の所得を隠し、法人税計約5800万円を脱税した疑いが持たれているというものです。

脱税で得たお金は、会社の幹部などが個人的に流用していたと伝わっています。関係者によると、幹部らは脱税によって得た資金で高級外車を購入したり、銀座や六本木で飲み歩いたりしていたそうです。

ファンクラブを舞台にした脱税は、少し前から話題になっていたものです。

ファンクラブというのは、実は**脱税の温床**になりやすいのです。

なぜかというと、普通、ミュージシャンやタレントはCDの印税やテレビ、コンサートの出演料が主な収入です。ファンクラブの会費やグッズの売上となると、二次的なものでもあります。

もともとファンクラブとは、タレントとは別の機関としてつくられてきた経緯があります。

レコード会社やタレント事務所がファンサービスの一環として、ファンから若干の会費をとって、そこでしか入ってこない情報や、そこでしかもらえないレアなグッズを販売したりしてきたのです。ファンクラブはそれで儲けるというよりは、ファンを増やすためのサービスの一つだったのです。会費はあくまで運営資金に充てられるだけという建前になっていたりして、収益がほとんど発生しない場合もありました。となると税金も発生しないということになります。

また国税のほうもファンクラブはファンサービスの一環でやっているものであり、収入などはあまり発生しないと見てきたので、これまで力を入れて調査をしてきませんでした。

しかし、そのうちファンクラブが巨大化していき、大きなお金を生むビッグビジネスになっていきました。それでもファンクラブの体質はあまり変わっておらず、企業としての体裁が整っていない組織が運営したりすることも多々あったのです。

そのため今回のような脱税となってしまったと思われます。

元中日ドラゴンズ森野氏の課税漏れ

2018年に、プロ野球・中日ドラゴンズ森野将彦コーチの課税漏れニュースが流れました。

この課税漏れニュースのあらましは以下のようなことです。

元プロ野球・中日の森野将彦氏は、選手時代の2013年までの3年間で約4200万円の申告漏れをしていました。名古屋国税局の税務調査を受けて、それを指摘されたのです。

課税漏れの内容としては、**必要経費として認められない生活費を経費に計上していた**というものです。追徴税額は過少申告加算税を含め、約1800万円とみられています。

こういう課税漏れ事件はあまり表には出ないのですが、額がちょっと大きかったのでニュースになったのでしょう。

森野氏には申し訳ありませんが、このケースは**「自営業者の陥りがちな失敗」**のモデルケースのようなものです。この例をもとにして、自営業者の節税とはなんぞや、ということをご説明したいと思います。

プロ野球選手というのは球団に所属していますので、一見、サラリーマンのように見えます。が、プロ野球選手はサラリーマンではなく、個人事業主ということになります。

プロ野球選手は野球の技術を売る商売をしている事業者であり、球団とは1年ごとに契約をします。複数年契約をすることもありますが、それは両者合意のもとで長期間の契約をする、企業同士の契約と似たようなものです。サラリーマンのような雇用契約ではないのです。

プロ野球選手は個人事業主なので、球団からもらうギャラが「売上」ということになります。そして、その売上からさまざまな必要経費を差し引いて、その残額が所得となるのです。

こういう事業者の場合、節税をしようと思っても売上（ギャラ）を自分で減らしたりできません。このため、必然的に**「経費を膨らませる」**という方法になります。

森野氏の場合、この経費の膨らませ方に少し無理があったようです。

この課税漏れのおもなものは、家族との食事代、旅行代でした。

森野氏は、家族との外食や家族旅行を経費の中に含めていたわけです。

プロ野球選手の場合、食事は体をつくり、コンディションを整えるものなので、経費に含められないことはありません。

もし栄養士などに献立の依頼をしたり、専任の調理師を雇ったりしている場合は、その報酬は必要経費として落とせることもあります。森野氏も、その理屈から食事代を必要経費に入れていたのです。

ところが、家族と一緒に行った外食も必要経費に含めており、また特別、栄養面での専門的な食事ではなかったので必要経費とは認められなかったようです。

またプロ野球選手は、オフシーズンに暖かい場所で自主トレをすることも多くあります。その旅費は当然、必要経費として認められます。森野氏もその理屈から、旅行費用を必要経費に計上していたようなのです。それで森野氏の場合、家族を同伴し、家族の旅費も必要経費として計上していたようです。なので、「家族旅行」とみなされ、必要経費とは認められなかったようです。

ここでのポイントは、**「家族」**だったといえます。

森野氏は、食事や旅行に家族を同伴していたため、それはトレーニングとは関係ないとして経費に認められなかったのです。

もし森野氏が妻を社長にして会社をつくり、夫の体調管理などのサポート業務を会社の事業として行っていれば、経費として認められたものと思われます。

もちろん会社の実態は必要ですので、奥さんはそれなりに選手サポートの技術を身に付けなくてはなりません。

しかも会社をつくれば、森野氏のギャラを会社への委託費として分散することができます。その会社から、森野夫人に対して報酬を払うことができます。またその会社の福利厚生費として旅行代などを出すこともできます。そうすれば、森野氏のギャラは妻などの家族に分散され、税金がかなり安くなったはずです。

つまりは、**もうひと手間が足りなかった**といえます。

ただ単に家族と一緒に食事をし、家族旅行をしただけでは、事業の経費として計上するのは無理があります。ちゃんとサポート業務を行っているという形をつくれば、それは必要経費として認められたはずなのです。

森野氏には、そういう助言をしてくれる税理士さんがいなかったのでしょう。

ちょっと気の毒なＥＸＩＬＥ事務所の課税漏れ

２０１８年にはＥＸＩＬＥ（エグザイル）の所属事務所の課税漏れニュースも報じられました。

この課税漏れとは以下のようなことです。

「ＥＸＩＬＥ」が所属する芸能事務所「ＬＤＨ　ＪＡＰＡＮ」は、２０１７年３月期までの４年間で総額約３億円の申告漏れをして、東京国税局から指摘されました。

課税漏れの内容は、取引先などと会食した接待飲食費のうち、経費として認められる上限額を超えた分を計上していたということです。また海外関連法人への業務委託費などについて、国税局は経費には当たらないと判断したようです。

ＬＤＨ社はメディアの取材に対して、「国税当局との見解の相違があった。所得隠しのような意図的な行為は一切なく、国税当局からそのような指摘もなかった。今後はより慎重に法務、税務を確認し業務遂行していくよう、スタッフ一同改めて気を引き締めて取り組んでいく」とコメントしています。

このＥＸＩＬＥ事務所である「ＬＤＨ　ＪＡＰＡＮ」は当時、週刊誌などでパワハラ疑惑などが報じられたこともあり、今回の課税漏れを見て、「やっぱりLDHはブラックなのか」と思われた人も多いと思われます。

ところが、この課税漏れの件を見る限りでは、「ごく普通の課税漏れ」という感じです。というより、若干、**気の毒な部分**さえあります。

今回のニュースでは、「仮装隠蔽」などがあったとは報じられていません。課税漏れニュースの場合、仮装隠蔽があったかどうかが重要なカギになります。

前述したように仮装隠蔽というのは、「架空の経費」を計上したり、「売上の一部を隠す」ことをしたりすることです。つまりは、税逃れのための工作をするということです。この仮装隠蔽があれば、重加算税が課せられます。そして、その額が大きければ、脱税として起訴されることになります。

今回は重加算税も課せられていませんので、仮装隠蔽はなかったと思われます。つまり不正ではなく、経理処理の誤りだったということです。

また今回のニュースでは、「飲食費や業務委託費が経費には当たらなかった」という言い方をされています。この**「経費には当たらない」**という言い方は、一般の人には、少しわかりにくいと思われます。

会社の税金の計算の上では経費として支出したものでも、税法上、経費にできないものがあります。たとえば**接待交際費**です。現在、接待交際費は、原則として50％しか経費に計上できません。

もし1億円の接待交際費を使っていたとしても、5000万円しか経費に計上できないのです。

では、経費に計上できなかった残りの5000万円は、どうするのでしょうか？

会社の利益に上乗せするのです。

接待交際費を1億円出しているのに、経費にできるのは5000万円だけであり、残りの5000万円は会社の利益に加算しなければならないのです。実際は接待交際費として会社の外に出ているわけであり、会社の利益にはなっていないのに、です。

おそらくLDHは、取引先などとの飲食費を「会議費」などの名目で経費にしていたものと思われます。また業務委託費も同様のものと思われます。海外関連会社の人に対して、飲食などの接待をし、それが業務委託費の一部として計上されていたのでしょう。

それを国税側が「それは接待交際費なので経費にできません」と指摘したものと思われます。

飲食費を会議費で落とす際の注意点

❶ 場所	会議に相応しい場所（レストランか飲食店など）
❷ アルコール	ビール1～2本、ワイン数杯程度
❸ 金額	社会通念上許される範囲 （1人2,000円程度）
❹ 議事録を残す	1）日時、議題
	2）参加者の氏名…人数と全員の氏名、他社の人間は会社名と氏名
	3）会議場所…喫茶店、レストラン、食堂は○。飲み屋、スナック、クラブは×
	4）会議の日時、内容
	5）その他、参考となる事項

企業規模別 交際費の税務比較

	上限金額	計上額
個人事業者	接待交際費の上限なし （無制限）	交際費の100%を 経費計上できる
中小企業	●800万円までの接待交際費 ●接待飲食費の50% どちらかを選択して経費算入可	限度額まで交際費に 経費計上できる
大企業 （資本金1億円超）	●接待交際費のうち飲食費の50%まで ●1人あたり5,000円以下の飲食費まで経費算入可	限度額まで交際費に 経費計上できる

個人事業者の場合は、接待交際費に上限なし!

接待や交際に使った金額は、全額経費として認められます。

ＥＸＩＬＥのような、ライブ・パフォーマンスを主としている芸能人は、ライブが多数あるわけです。当然、打ち上げのような飲食も頻繁に行われているはずです。打ち上げの費用は、会社が持つことが多いはずなのに、この費用は半分しか経費にできないわけです。これは少々、気の毒といえなくもありません。打ち上げの費用は、会社が支払っているわけですから、それを利益に加算するのは、ちょっと酷かなと思われます。

そもそも以前の法人税法では、接待交際費は経費にできていたのです。バブル期に景気のいい会社があまりに派手に接待交際をしまくったので、世間の批判を浴びました。それを見た税務当局は、接待厚生費は会社の経費にできず、利益に加算することにしたのです。

この「接待交際費を経費にできなくしたこと」が、バブル崩壊後の日本経済低迷の原因の一つとも言われています。企業の財布のひもが固くなりましたからね。

いずれにしろ会社の業務として支出しているにもかかわらず、それを全額、経費にできないのは、**いびつな税制**ではないかと筆者は思います。

青汁王子の脱税

2019年に、メディアなどによく出ていた〝青汁王子〟の脱税が新聞やニュースで報じられました。

脱税の内容は以下のようなものです。

通信販売会社「メディアハーツ」の社長、三崎優太容疑者ら3人が架空の経費を計上するなどしておよそ1億8000万円を脱税したとして、法人税法違反と消費税法違反の疑いで逮捕されたということです。

三崎優太氏は高校中退後に18歳で会社を起業し、主に若い女性をターゲットにした「すっきりフルーツ青汁」などの健康食品をヒットさせ、2017年には120億円の売上を稼ぎだしていました。若き経営者として注目され「青汁王子」のニックネームでテレビやインターネットの番組にもよく出演していました。

実は「健康食品会社」というのは、脱税が多い業種でもあります。

健康食品は売れればすごく儲けが大きいのですが、さっぱり売れない場合のほうが多いのです。

また健康食品はいったん知名度を得れば、「定番商品」となることも多いのですが、知名度を得ることが非常に難しいのです。商品開発をして、ずっと売れずに数年後に大ヒットというようなケースもけっこうあります。

こういう業種の場合、売れたときになるべく多くの利益を残しておきたいという気持ちになるらしく、**「無理な節税＝つまり脱税」**をしてしまうことが多いのです。

今回のケースも脱税のスキームとしては、かなりずさんな無理なケースだったといえます。1億8000万円もの架空の経費があれば、そりゃあ、国税も気づきます。

しかも、この青汁王子こと三崎優太容疑者は、テレビにも頻繁に登場していました。国税というのは、**テレビ番組などもかなり入念にチェック**しています。青汁王子はこれまで本格的な税務調査など、おそらく受けていなかったのでしょう。

また健康食品というのは、玉石が混在している業界だともいえます。

健康食品は、ばくち性の高い商品なのです。原価はそれほど高くないので、いったん売れると大儲けすることができます。

この業界には、貧乏も顧みずに「人の体に良いもの」を世の中に広めたい一心の人もいれば、アイディア一発で一山あてたいという人もいます。

青汁王子は、間違いなく後者だといえるでしょう。

もちろん「売れる商品をうまく開発しヒットさせた」ということは、相当の手腕があるといえます。こういう人は、惜しいなあと思います。堀江貴文さんにも通じることですが、すごく能力があることは間違いないのです。

それをもう少し他の方向に生かせば、社会の役に立ったり、たくさんの人を喜ばせることができるだろうに、と思ってしまいます。それはきっと本人たちの人生も豊かにすると思うのです。今のところ彼らはその能力を「金儲け」と「自己顕示」のためにしか使っていないように見えます。

「金儲け」や「自己顕示」が悪いとはいいません。でも、それがすべてになってしまうと、他人や社会に嫌悪感を呼び起こさせてしまいます。その社会の嫌悪感も計算しないと、本当の優れた経営者ではないと思われるのです。

第4章

さまざまな脱税の手口

なぜ小さなたばこ店が巨額の所得隠しをしていたのか？

脱税の中には、通常の売上ではない、臨時的な収入を抜くという手口もあります。

最近、そういう手法を使った所得隠し事案がニュースになりましたので、ご紹介しましょう。

まずは以下の記事をご覧ください。

たばこ店、5300万円脱税か　JT協賛金の所得隠し

日本たばこ産業（JT）から支払われた「協賛金」など1億3千万円の所得を隠し、約5300万円を脱税したとして、東京国税局が東京都港区のたばこ店「大門シガレット」の井上正一・実質経営者（71）を所得税法違反の疑いで東京地検に告発したことが分かった。

関係者によると、井上経営者は2014年までの3年間、たばこ販売で得た収入を自分の所得として申告せず、妻の所得として一部のみを申告して所得を少なく見せか

けた疑いがある。

ＪＴから販売促進の目的で受け取った協賛金のほか、飲料の自動販売機からの収入、たばこの売り上げの一部を隠していた。金は井上経営者名義の口座で保管したり、関係会社に貸し付けたりしていたという。

井上経営者は「国税局の指摘に従い、修正申告し納税した」と話している。

ＪＴが資金投下、愛煙家の止まり木

「大門シガレット」は、ＪＴが販売促進のために多額の資金を投じる重要な取引先の一つだった。

平日の夕方、東京都港区のオフィス街・大門。交差点の一角にある2階建てのたばこ店にスーツ姿の男性たちが吸い込まれていく。１階が売り場で、２階が無料の喫煙所だ。同区では指定場所を除いて路上喫煙が禁止されており、店は愛煙家にとって貴重な止まり木だ。

関係者によると、井上経営者が店を始めたのは２００５年ごろ。11年に店舗改装のため休業し、12年に改装した店舗で営業再開した。青と銀を基調にした外観の新店舗は良好な景観形成に貢献したとして、区から表彰を受けている。

この改装はＪＴが意匠を決めて費用を負担。このほか、自社のたばこをアピールする看板や広告の設置などのため、同社は3年間で1億円を超える協賛金を払っていたとみられる。

同社によると、協賛の対象店舗は、売り上げや立地、経営者の販売意欲などを考慮して「厳選」。全国の店でも数％程度という。

こうした支援について、同社は「協賛は適切に実施している。今回の店はそれだけの投資をする価値がある店だった」と説明。経営者の脱税容疑については「コメントする立場にない」とした。


（朝日新聞　２０１６年11月9日配信）


この記事には、不思議な点がいくつもあると思いませんでしたか？

まず、**「たばこ店がこんな巨額の脱税をしていたこと」**です。

たばこ店には古びた建物におばあさんが店番しているようなイメージもあり、何千万円も脱税するほど儲かっているなんて信じられない人が多いのではないでしょうか？

というより、たばこの専売店自体が最近は非常に珍しいものです。最近はコンビニでも売ってあるので、たばこを吸う人はコンビニで買うケースがほとんどではないでしょうか？

珍しいことに、都心のど真ん中にたばこ専門店が存在していたわけです。しかも、この店は、いわゆる我々がイメージするタバコ店ではないようです。

都内の一等地につくられた、おしゃれな「たばこスポット」という感じだったようです。が、おそらくそれでも店だけで、それほど大きな収入を得られてはいないはずです。たばこの売上だけで、一等地の地代を賄えるものではありませんからね。

この店がこんな大きな収入を得たのは、別に理由があったのです。

それは、ＪＴ（日本たばこ産業）からの協賛金です。

ＪＴとしては禁煙運動の高まりで衰退しつつあるたばこ業界を、どうにかして盛り立てようとしています。だから都心の一等地に、おしゃれな喫煙スポットをつくって、たばこのイメージを改善させたかったものと思われます。

そのため日本有数のオフィス街であり、羽田空港の玄関

都心のたばこ屋さんはそんなに儲かるのか？
（写真は本文とは関係ありません）

口でもある大門のたばこ店に、多額の協賛金をぶちこんで喫煙スポットをつくってもらったということでしょう。

この店の経営者としては、この協賛金はたばこの売上で儲けたお金ではないので、いわば**臨時収入**なわけです。

こういう収入は、えてして脱税してしまいがちなのです。

臨時的なものなので今後、継続的に入ってくるかどうかはわかりません。だから、なるべく多く残しておきたいという心理になるわけです。

そして臨時的なものなので、「1回隠しただけでは、ばれないんじゃないか」。しかも1回ばれなければいいだけなので**「簡単に脱税が可能じゃないか」**と思ってしまうわけです。

そのために、**臨時収入を隠す脱税というのは非常に多い**のです。

たとえば会社の機械を下取りに出したときの代金や、業者からもらった販売協力金などです。こういう臨時的な収入は、えてして脱税されやすいのです。

が、こういう脱税は発覚しやすいものでもあります。

というのも、もらうのは1回こっきりであっても、払った側にはしっかりと記録が残っているからです。

このたばこ店の場合も、協賛金を払った側のＪＴに支払いの記録はちゃんと残っているわけです。そしてＪＴには毎年のように税務調査が来ています。税務署は当然、多額の協賛金について知ることになりますし、協賛金の受け入れ先が、ちゃんと申告しているかどうかをチェックするわけです。

これほどの多額の協賛金を受け取った人が収入を申告していなければ、税務署としては非常に目につくわけで、簡単に発覚ということになるのです。

もし、どこかから協賛金など臨時的なお金をもらった人は、くれぐれも**変な気を起こさないほうがいい**といえます。

住職のＦＸ脱税

最近、寺の住職がＦＸの脱税をしていたという事件もありました。
まず次の記事をご覧ください。

愛知・犬山の常満寺住職、３１００万円脱税容疑　ＦＸ利益申告せず　国税告発

外国為替証拠金取引（ＦＸ）による利益などを確定申告せず、所得税約３１００万円を脱税したとして、名古屋国税局は、愛知県犬山市にある常満寺の難波俊介住職（45）＝犬山市＝を所得税法違反容疑で名古屋地検に告発した。関係者への取材で分かった。

関係者によると、難波住職は２０１６年までの3年間で、ＦＸで得た利益を申告から除くなどして約2億２０００万円の所得を隠し、所得税約３１００万円を免れた疑いがある。昨年9月に国税局が強制調査（査察）に入っていた。既に修正申告したとみられる。

難波住職は取材に「ＦＸの口座から現金を引き出したことがなく、利益を得た実感がなかったため、申告を先延ばししてしまった。深く反省している」と語った。

難波住職によると、住職と兼務して奈良県の高等専門学校の准教授をしていたが、査察を受けたことで今年1月末に学校を退職した。ＦＸには約7年前に死去した父親から相続した遺産を主に投資し、寺の財産を使ったことはないという。

常満寺は本堂や庫裏など建造物7棟が国の登録有形文化財になっていたが、今年2月1日の火災で本堂と庫裏計約４００平方メートルを全焼した。出火当時、難波住職は別の場所にいて寺は無人で、愛知県警が不審火として捜査している。

難波住職は「17年はＦＸで損失を出してしまったが、残った資金は寺の再建費用に使いたい」と話している。

（毎日新聞　2018年4月27日配信）

これは寺の住職によるFX利益の脱税です。

前述しましたが、寺の住職というのは、かなり脱税が多い職種です。お寺の住職が法事の後にそのままお布施を懐にしまい込んで、申告しないケースはけっこうあるのです。が、今回のケースはそれとは違います。

FXで得た利益を申告せずに隠していたということです。

父親の遺産を元手にFXの取引を行っていたということですが、3年間で約2億2000万円を稼いだというのです。元手も相当に大きかったことがうかがえます。

FXに関しては、脱税で摘発されるケースがけっこうあります。

主婦が数億円の所得を申告していなかったとして、脱税で起訴されたようなケースもありました。

FXというのは、**基本的に収入を隠すことはできない**のです。というのも証券会社等に、取引の記録が全部残っています。税務署は証券会社に定期的に税務調査に行っていますので、そういう記録も全部、押さえることができます。

その記録の中から儲かっている人をピックアップして、きちんと申告をしているかどうかを照会すれば、脱税している場合は一発で出てくるのです。

主婦などがよく摘発されるのは、これまで確定申告をしたことがなく、税金の仕組みをよく知らないからでしょう。

住職というのは税務の上では、「寺の管理者」という立場であり、毎年、税金の申告もしているはずです。だから、ＦＸの申告をしなければならないことも当然、知っていたはずです。

なのに、なぜ申告しなかったのでしょうか？

おそらく先ほども述べましたように、住職という職業は非常に脱税がしやすい職種で、脱税常習業種でもあります。だから本業の癖（くせ）で、「申告しなくても大丈夫」という先入観があったのではないでしょうか？

しかしＦＸ収入の場合はお布施と違って、きちんと外部に記録が残っているので、隠すことができなかったということでしょう。

いずれにしろ、**罰当たりな話**です。

高齢者支援業者の「遺贈金」を隠す脱税

次は非常に特殊な脱税です。

前にもふれたように本来、事業者の脱税というのは売上を隠すか、経費を水増しして行われるものです。ですが、まれに売上ではない収入を隠す脱税もあるのです。

たとえば昨今、遺贈金を隠すというような特殊な脱税もありました。

次の記事を読んでみてください。


高齢者支援業者が3900万円　名古屋国税局告発

高齢者支援事業を行っている一般社団法人「和みの会」（愛知県知多市）が、利用者2人から遺贈された現金を隠し法人税約3900万円を脱税したとして、名古屋国税局が和みの会と青山勉・前代表理事（64）＝知多市＝を法人税法違反容疑で名古屋地検に告発したことが分かった。重加算税を含め追徴税額は約7000万円に上るとみられ、大半は既に納税されたという。

関係者によると、青山前代表理事は2015年12月期までの2年間に、利用者2人の遺言に基づいて振り込まれた現金計約1億5000万円を法人名義の簿外口座に隠し、法人税約3900万円を免れた疑いがある。

登記簿などによると、和みの会は11年2月設立。「家族代行支援」をうたい、高齢者らに病院・施設入所時の身元保証や葬儀の喪主代行、日常生活支援などのサービスを提供している。現在の利用者は名古屋市を中心に約1000人。契約時に3万～81万円を支払う5つのプランがあり、主に病院や施設、各自治体の地域包括支援センターの紹介で利用者を集めている。15年12月期の売上高は約1億2000万円。

青山前代表理事は毎日新聞の取材に「（税制優遇のある）公益法人認定の取得後に申告すれば良いと思っていたが、税の知識が足りなかった」と話した。

同様のサービスは高齢化を背景に、身寄りがなかったり子どもと離れて暮らしたりする都市部の高齢者を中心に需要が高まり、事業者の参入も相次いでいる。一方で事業者を指導する監督官庁はなく、国は事業者数さえ把握していない。

昨年1月には公益財団法人「日本ライフ協会」による巨額の預託金の不正流用が発覚した。事業者をチェックする体制は整っておらず、内閣府消費者委員会は今年1月末、消費者庁などに事業内容の調査を実施するよう求めている。

（毎日新聞　2017年2月10日配信）


このニュースは、**高齢者支援事業者の遺贈収入を脱税した**というものです。

最近は、一人暮らしの高齢者も増加しています。

それにともない自分の資産や収入、老人ホームなど各所への支払いなど、お金の面での管理に困っている高齢者も多いようです。

子供たちは自分の生活が精いっぱいで、なかなか親の世話まで手が回りませんからね。

そういう人たちにとって、老人ホームの紹介やお金の管理、果ては葬式の準備までやってくれる事業者はありがたいものでしょう。

そしてこの事業者はざっくりいうと、入所者の遺産を受け取ることを条件にして、その人生の終末のすべての面倒をみるというビジネスを行っていたようです。


こういう事業は一般の人が一から自分でやろうとなると、かなり面倒なものです。ですが、ちょっと専門知識のある人、この業界に慣れた人にとっては、それほど難しいものではありません。だから、そういう業者は、それほど大変なことはせずとも確実に収入を得ることができます。ビジネスとしての目の付け所は、「凄い」といえるでしょう。

そして、この「和みの会」の抜け目のないところは、**利用者に資産の遺贈を生前に約束させている**ことです。

高齢の利用者にとっては、この「和みの会」だけが自分の生活を守ってくれる命綱のようになっています。ですので、「和みの会」から遺贈を働きかけられれば、応じてしまう人も多いと思われます。

遺贈された資金をどこかに寄付していたとかなら、まだしも、資金としてプールしていたということは、明らかにビジネスとしてやっているといえます。道義的な話は別として、**ビジネス・スキームとしてはよくできている**と思います。

ところで青山前代表理事の「公益法人認定の取得後に申告すれば良いと思った」という弁明の意味は、一般の人にはちょっとわかりにくいかと思われます。

これを砕いていうと、次のような意味になります。

公益法人というのは税制上、非常に優遇されています。認められた事業に関して収益が発生しても税金がかかりませんし、その他の事業で収益が出ても、税率は非常に低いのです。だから公益法人として認められてから遺贈を受けたことにし、その後、税務申告しようと思ったのでしょう。

ですが税務申告というのは、**取引が発生した年度ごと**に行わなければなりません。遺贈金を受け取ったときに、公益法人として認定されていなければ、そのまま普通の企業として申告しなければなりません。

公益法人として認定された後に申告すればいいものではありません。だから、どっちみち、「脱税」であったことは確かです。

この事業は新しい分野なので、新しい事業の草創期には、ちょっと目端の利く怪しげな人たちが入ってくるというのは、よくあることです。

今後はまっとうな企業が進出し、高齢者が安心して利用できるような業界になってほしいものです。無理に慈善事業にする必要はなく、ビジネスとして良識を守ってちゃんとやってくれれば、それでいいと筆者は思います。

ともあれ高齢の親を持つ一人として、筆者にとっても身につまされる事件でした。

消費税の不正還付とは？

これは厳密にいうと脱税ではないのですが、**「消費税の不正還付」**という犯罪もあります。

脱税は納めるべき税金を納めていないという犯罪ですが、不正還付の場合は、納めるどころか税金をだまし取るわけなので、詐欺に近い犯罪だといえます。

この消費税の不正還付は、昨今非常に増えているのです。

といっても一般の人にはどういうものなのか、さっぱりわかりませんよね？

最近、この手の事件がメディアで報じられましたので、まずは以下の記事をご覧ください。

鳩山氏秘書、国税呼び出し……税務調査の説明要求

外国人観光客への宝石の架空販売で約2億2000万円の不正な消費税の還付申告をした疑いで東京国税局から還付を保留されていた免税店運営会社4社を巡り、鳩山二郎衆院議員（39）（自民・福岡6区）の小沢洋介秘書（45）が昨年4月、国税庁幹部を議員会館に呼び出し、還付保留について説明を求めていたことがわかった。

秘書は当時、4社の架空仕入れ先と認定された宝石販売会社の顧問を務め、説明の場には議員本人も同席していた。

個別の税務調査について国会議員側が国税庁に説明を求めるのは極めて異例。国税関係者は、与党議員の秘書であることを背景にした国税側への圧力にほかならないと

指摘している。

国税関係者によると、4社は2015年4月～16年12月、小沢秘書が顧問だった宝石販売会社「国際東日ジュエリー」（東京）から仕入れた宝石を外国人観光客に販売したとして、仕入れ時に負担した消費税約2億2000万円の還付を申告。国際東日は、東京都内の宝石卸売会社を通じて札幌市の建設会社から宝石を仕入れたことになっていた。

（読売新聞　2018年1月9日配信）

この事件の背景について説明します。

消費税というのは、国内で消費されるものを買ったときにだけ課せられる税金です。だから外国人が自分の国に持って帰る、もしくは他の国に持っていくことを目的に物を買った場合、消費税は免税になるのです。

そして消費税を免税にするためには、免税手続きができる店で買い物をしなくてはなりません。この免税手続きができる店のことを、一般に「免税店」と呼んでいるわけです。

免税店では購入者のパスポートや航空チケットなどを確認し、国外に持ち出すことが明らかな場合のみ、免税の手続きをします。

ですが、この免税店は、商品を仕入れたときに仕入れ業者に対して消費税を払っています。免税店といえども、すべての商品が免税になるとは限りません。というより、免税になるのは、免税手続きを行った一部の商品のみです。

だから原則として、普通の商品には消費税がかかるものとして、仕入れ時にも消費税を払って仕入れているのです。

通常、消費税を払って仕入れた消費税は、販売時に受け取った消費税で差し引くことができるので、販売業者に損は出ないようになっています。が、商品を免税品として売った場合、仕入れのときに払った消費税は回収できないので、販売店の丸損ということになります。だから免税品を販売した場合、それを仕入れたときに支払った消費税は、税務署から還付されることになっているのです。

ところが、この免税品の消費税還付制度を悪用する**悪い人たちもたくさんいる**のです。

本当は免税品として売ったわけではないのに、免税品として売ったように見せかけて、消費税を不正に還付するのです。それを防ぐために国税のほうは、免税品としての販売を証明するために、さまざまな書類の提出を義務付けています。

この事件の販売店は、その書類などになんらかの不備か、不審な点があったものと思われます。

そのため国税当局は、税金還付を保留していたのです。

単なる書類不備であれば、それほど大きな問題ではありません。これが、もし本当は免税品ではないのに免税品と見せかけて、還付金をもらおうとしたならば、これは「脱税」というレベルの犯罪ではありません。**「還付金詐欺」**ということになります。

国からお金をだまし取ろうとしているわけですから、税金を逃れることよりも、もう一段重い罪になるのです。

そして、この事件のもう一つのポイントは、鳩山二郎衆院議員の秘書が国税を呼びつけたということです。

国会議員の秘書などが税務調査に関与してくることは、実はたびたびあります。国会議員の秘書が、税務調査で困っている地元の支持者などから頼まれるのです。この事件の場合、秘書が当事者である宝石販売店の顧問をしていたということなので、より結びつきが強いわけです。

こういう場合、国税はどういう対応をすると思いますか？

今回のように国税側が反発し、**マスコミにリークする**ようなこともあります。が、必ずしもそうでないときもあります。

本当に強い政治家が絡んできたときなどは、「忖度（そんたく）」することもなきにしもあらずなのです。

鳩山二郎衆議院議員はお父ちゃんの跡を継いだばかりのおぼっちゃん世襲議員で、政治的な権力はまだあまり持っていません。意地悪な言い方をすれば、だから国税は突っぱねることができた、ともいえるのです。

安倍首相クラスが絡んでくれば、絶対にこのようなことはないのです。なにしろ前任の国税庁の長官は、安倍首相に忖度することで出世した人なのですから。

霊能者の脱税

この世の中には、霊能者と呼ばれる人がいます。こういう人たちが、一般の人からお金を取っていろんな依頼を受けることがあります。そういう場合、税金の申告はどうなっているのでしょうか？

はっきりいうと、税務申告をしているような人はほとんどいないといえます。大々的に行っていて宗教法人化していたりすれば別ですが、口コミなどで内々でやっているような人はまず税務申告はしていないといえます。

では霊能者が脱税で摘発されないのかというと決してそうではありません。

昨今、次のようなニュースが報じられましたので、この記事をまず読んでみてください。

4800万円脱税で在宅起訴　霊的カウンセラーの女

悩み相談で訪れた客に霊的な存在と交信して得た情報を伝える「チャネリング」と称するカウンセリングを行い、相談料として得た収入を過少申告して所得税約4800万円を脱税したとして、千葉地検は22日、所得税法違反の罪で市川市の会社員、山本千春氏（48）を在宅起訴した。東京国税局が昨年10月に告発していた。

起訴状などによると、ワークショップや個人面談、メール相談などで得た相談料の売り上げ額を計約1億3千万円少なく申告し、2013年から3年分の所得税計約4800万円を不正に免れたとしている。

山本被告は「千さん」の名前でチャネラーとして活動。1回1万5千円ほどの相談料で個人カウンセリングを行っていたとみられる。

（千葉日報　2018年2月23日配信）

霊能者というのは、お坊さんなどと同様非常に脱税しやすい状況にいます。

というのも、こういう「業種」はお金をもらうとき、ほとんど領収書を発行しません。しかも、料金は現金でもらうことが多いものです。こういう業種ではお金を受け取って、そのままポケットに入れてしまえば、簡単に脱税できてしまうのです。

では、東京国税局はどうやって脱税を把握したのでしょうか？

まあ、脱税を把握する方法は、いくつもあります。

この霊能者の場合、ネットで相談を受け付けてから、実際のチャネリングを行っていたようです。だからネットの通信記録を見れば、顧客がどれだけいたのか、個人カウンセリングを何回行ったかなどの大まかな数字は出てきます。その数字から逆算して、だいたいの所得を把握したのでしょう。彼女自身の申告額と格差がありすぎたので、脱税をしていると判断し、より大掛かりな調査を行ったのでしょう。

そして預金口座などの資産を把握し、申告額の概略がつかめたので、**「脱税の証拠あり」**として起訴に踏み切ったものと思われます。

しかしメールのやりとりなどを介さずに商売をし、もらったお金を預金せずに現金で保管していたり、すぐに使ってしまったような場合は、国税当局の目を逃れることもあります。この霊能者も所得の一円、一銭まで正確につかまれたわけではなく、漏れている収入もあるかもしれません。霊媒師や祈祷師、お坊さんの税金の取り締まりというのは、それほど難しいものなのです。

それにしても、この霊能者の方には、国税が入ることを**チャネリングで事前察知**することはできなかったのかと思うのは筆者だけではないでしょう。

外車の下取り代金を隠す脱税

「臨時的な収入」は脱税されることが多いということを前述しましたが、その典型的な例が**「車の下取り代金」**だといえます。

最近、この件に関して非常に興味深いニュースが報じられましたので、まずは以下の記事をご覧ください。

高級外車の売却益隠し続出、歯科医や社長ら多数

フェラーリなど高級外車の売却益を巡り、約20の法人と個人が東京国税局や関東信越国税局などから相次いで所得隠しや申告漏れを指摘されていたことが、関係者の話でわかった。

所得隠しは2017年までの数年間で計約8億円。申告漏れだけを指摘されたケースも含めると総額は25億円を超える。背景には、富裕層の納税意識の低さが浮かび上がる。

関係者によると、所得隠しや申告漏れを指摘された法人は、社有車を転売した東京都武蔵野市の化粧品販売会社のほか、中野区や川崎市の自動車販売会社など約10社。個人は目黒区の自動車輸出入会社の元社長や港区の歯科医、茨城県の呉服店社長など十数人に上る。

こうした法人や個人は17年までの数年間に、大田区や千葉県の車輸出入会社などにフェラーリやポルシェなどの高級外車を転売。

それぞれ数百万円～1億数千万円の売却益を得たが、申告していなかった。

（読売オンライン　2018年10月22日）


この「高級外車の売却益隠し」とは、簡単にいえば次のようなことです。

まず事業用の車として、高級外車を買います。

外車を買った費用は、事業の経費から支出されます。

車の場合は、固定資産に該当しますので、買ったときに一度に経費化するのではなく、**耐用年数に応じて減価償却費として経費計上**していくことになります。

この減価償却により、高級外車の帳簿価値は年々、減っていくことになります。

たとえば1000万円で購入した高級外車でも、2年後の帳簿上は500万円以下になっていたりします。

ところが高級外車というのは、少しばかり年数が経っても市場価値はあまり減りません。

たとえば1000万円で購入した外車が、2年後には800万円で売られていたりします。

つまり高級外車の場合、**帳簿上の価格**と、**市場価格**に開差があることが多いのです。

だから事業用として購入した高級外車を売却した場合、利益が出ることが多いのです。

帳簿上、500万円のものを800万円で売れば、300万円の利益が出ます。

この300万円の利益は、事業の収入として計上しなくてはなりません。事業用として購入し、事業の経費から代金を支払っているわけですから、それを売って利益が出たなら、当然、**事業の収入**としなければならないのです。

しかし高級外車の売却益というのは、事業者たちにとって普通の事業の収入ではありません。たとえば、この記事で挙げられている歯科医師や呉服店の社長などは、普段は歯科や呉服販売を行っているわけです。車の売却で得た利益というのは、普段の事業ではない

減価償却費の算式

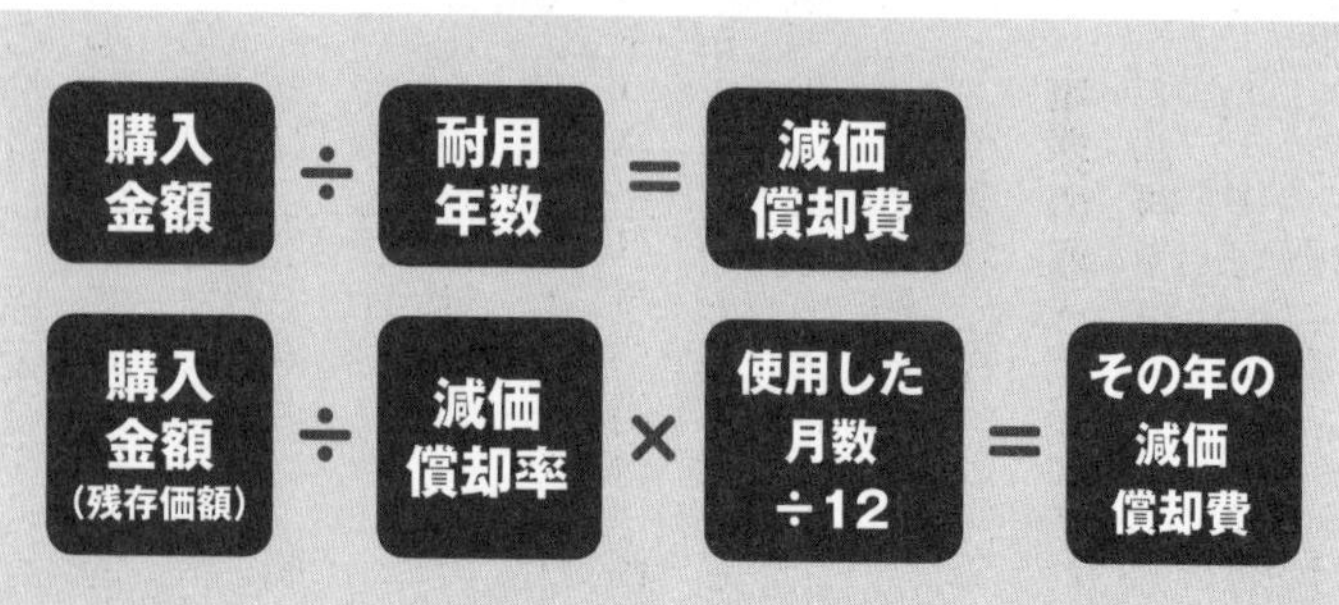

自動車の耐用年数一覧

経過年数	耐用年数
1年	5年
2年	4年
3年	3年
4年	2年
5年	2年
6年以上	2年

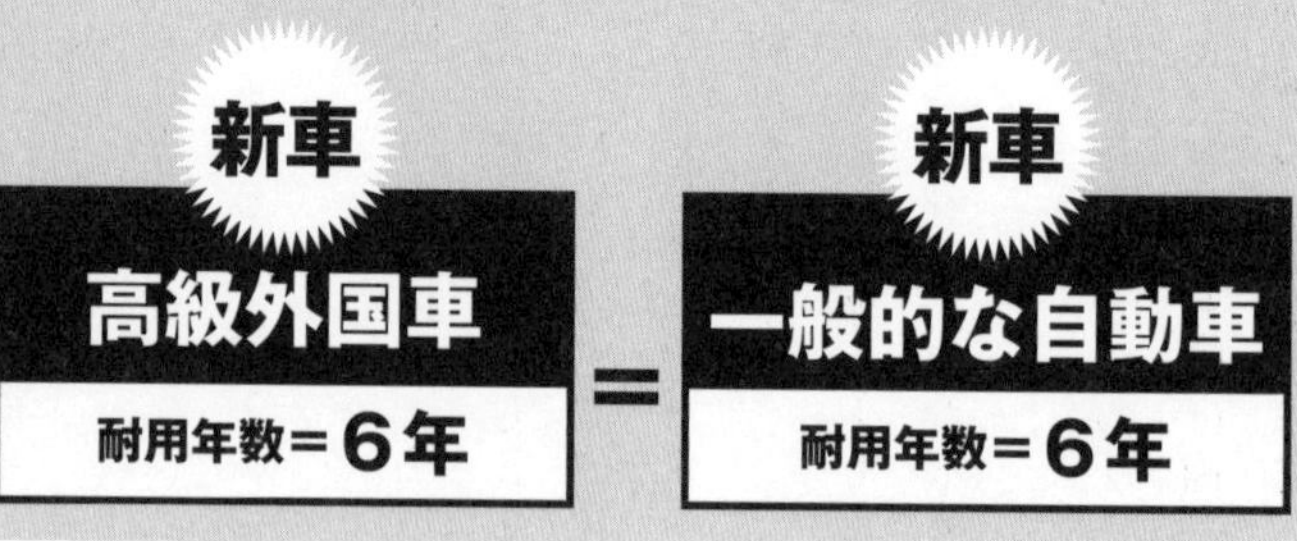

利益です。

事業者がこういう利益を得た場合、えてして、「これは申告しなくてもいいのではないか」という心理が働くようです。

本業の収益ならば、税務署が見張っているので隠したらヤバイ。でも本業以外の収益であれば、税務署もあまり監視していないのではないか、だから申告しなくてもばれないのではないか。そういうふうに考える事業者が多いようなのです。

残念ながら、税務署はそういう事業者の心理は、何十年も前からお見通しなのです。自動車など固定資産の売却益を隠す脱税が多いということは、筆者が新人のころから税務調査の教科書に載っていました。筆者は50代ですので、筆者が新人のころというと、30数年前のことです。そのころからすでに**「定番の脱税手口」**だったのです。

この「自動車など固定資産の売却益を隠す脱税」は、普段はきちんと申告している人でも手を出してしまうケースが多いのです。

「これくらいは隠してもバレないだろう」と思ってしまうのでしょう。

税務署はそれを見越し、中古売買業者などに定期的に情報収集に行っているのです。中古売買業者は、税務署が調査に来れば、買い取りの伝票などもすべて見せなくてはなりません。

税務署はそのデータをもとに、車の売却益がきちんと申告されているかどうか照合します。そうすれば、一網打尽で脱税者が把握できるわけです。

そして、この自動車など固定資産の売却益を隠す脱税は**けっこう罪が重い**のです。事業用資産の売却益といっても、売上は売上です。通常、「売上を隠す」行為は、会社や青色申告者の場合、「うっかりミス」では許されません。重加算税の対象となる「不正」とみなされることが多いのです。もし、これを何件もやっていたり、額が大きかったりすれば、青色申告の取り消しまでされてしまいかねません。

事業者のみなさん、くれぐれも事業用の自動車の売却益を隠したりしないようにしましょう。

密輸による消費税の脱税

脱税の中には、「犯罪で得た収入を脱税する」というものもあります。

先日、消費税脱税に関する非常に興味深い記事がネット配信されていました。まずは、それをご覧ください。

金密輸組織、8・5億円追徴……所得申告漏れ指摘

大阪市を拠点とする金の密輸グループが、大阪国税局の税務調査を受け、2016年までの6年間で、香港の業者から報酬として支払われた手数料計約10億円の申告漏れのほか、計約4億円の消費税を免れていたと指摘されたことがわかった。無申告加算税を含む追徴税額は約8億5000万円に上る。金の密輸組織に対する国税当局による多額の追徴課税が明らかになるのは極めて異例。

関係者によると、課税対象は、大阪市中央区の貴金属輸入販売会社「ロコ」と、同社社長（51）ら密輸グループのメンバー10人。メンバーの多くは課税を不服として、大阪国税不服審判所に審査請求を申し立てるなどしているという。

グループは約10年前から、香港の複数の業者からの依頼で、「運び役」「荷さばき役」など役割分担して行動。金を化粧品などと装って関西空港経由で密輸し、ロコを通じて国内の買い取り業者に販売、代金は香港の業者に渡し、見返りに手数料を受け取っていた。

海外での購入額が20万円を超える金を輸入した場合、税関で消費税8％分を納める必要がある。香港では金を無税で購入でき、密輸して国内で消費税分を上乗せした金

額で売れば、消費税分の利ざやが得られる。このためグループは密輸で不正利益を得ていたとされる。

メンバーらは、香港の業者から密輸の手数料を受け取っていたが、11年から16年までの所得計約10億円を申告していなかった。また、ロコは金を輸入する際に納めるべき消費税約3億4000万円を密輸により免れるなど、グループ全体で消費税約4億円を納付していなかったとされる。ロコの社長は読売新聞の取材に対し、「会社、個人共に適正に税を納めている」としている。

このグループを巡っては、メンバー10人が16年1月、金地金130キロ（約6億円相当）などを関西空港に密輸しようとしたとして、大阪府警に消費税法違反などの容疑で逮捕され、うち9人は有罪判決が確定している。府警から課税通報を受けた大阪国税局が調べていた。


（読売オンライン　2018年8月28日）


金（きん）というのは、麻薬のように輸入が禁止されているものではありません。だから輸入すること自体が犯罪ではないのです。

では、どういう犯罪になるのかというと、消費税法などの税法違反です。

金を日本で購入する場合は、消費税がかかります。

ところが外国では金の購入に、間接税がほとんどかからない国もあります。そして金の価格は、世界中で連動しています。だから間接税がかからない国で金を購入し、それを日本に持ち込めば、**消費税を払わずに金を購入した**のと同じことになります。

だから外国で金を購入して、それを日本に持ち込む場合は、税関で申告し消費税を払わなくてはならないのです。

もし申告せずにそのまま持ち込めば、消費税法違反となるわけです。

つまりブランド品を海外で大量に買い込んで、税関に申告せずに持ち込むのと同様です。

この密輸グループも、消費税を逃れることを目的としているわけです。

しかし香港の業者から受け取っていた手数料が10億円というのは、すごいですねえ。密輸していた金は、その何十倍、何百倍だったわけですから、相当な密輸を繰り返していたのでしょう。かなり大掛かりにやらないと、できないはずです。

それにしても、こんなに大きな取引が成功するほど日本の税関というのは甘かったのでしょうか？

それは日本人として、かなり心配になります。筆者なども海外旅行を時々しますが、10

回に1回くらいは荷物を調べられます。筆者は自分でいうのもなんですが、非常に善良な顔をしておりますﾞ(笑)。それでも荷物を調べられるわけです。

それでありながら、金の大掛かりな密輸を見つけられなかったのですから、関税のシステム自体に不安を感じてしまいますね。

薬物などを中心に見張っているので、金の密輸については手薄になっていたということでしょうか？

鳩山元総務相遺族の申告漏れ

2019年の年末に、故・鳩山邦夫元総務相の遺族が、東京国税局の税務調査で相続財産約7億円の申告漏れを指摘されていたことが報道されました。

このニュースについて解説したいと思います。

鳩山邦夫元総務相は、代表を務めていた資金管理団体「新声会」に、約4億5000万円の貸付金がありました。

遺族はこの貸付金を申告していなかったようです。

貸付金は貸した人の資産であり、貸した人が亡くなれば当然、遺産となります。

もし貸付金をチャラにすれば、**借主が遺産を受け取った**ということになるのです。

貸付金がどう処理されたのか、実質的にだれが受け取ったのかは明らかにされていませんが、遺族が責任を取るということになったのでしょう。

また、ほかに遺産となっていた不動産の評価額に誤りもあったようです。

そのため過少申告加算税を含め、約2億数千万円の追徴税を払ったとのことです。

重加算税は課せられていないので、不正という扱いにはなっていないようです。

鳩山邦夫氏が死去したのは平成28（2016）年のことです。

3年以上も前の相続について、なぜ今頃、申告漏れが発覚したのか疑問に思う人も多いでしょう。

これはもちろん元大臣の遺族だから、国税としては配慮していたわけです。

遺族の中には現職の国会議員もいますし（鳩山二郎衆議院議員）、お兄さんは元首相でした。

そもそも政治団体の会計は不透明

また前述しましたように、そもそも政治家のつくっている政治団体に国税当局はなかなかか踏み込まないのです。

国会議員が支持者などから献金を受けるとき、政治団体をつくり、自分個人にではなく、政治団体が献金を受ける仕組みになっています。

この政治団体は、法的には非営利団体とされています。

非営利団体というのは、金儲けのための事業をしていない団体のことです。

非営利団体には、**法人税や所得税などの税金は課されない**ことになっています。

税金が課されない団体は、税金の申告をすることもないし、必然的に国税当局が税務調査をするようなこともありません。

国税当局の監視の外にあるという意味は、実は非常に大きいのです。

というのは団体の経理を監査する機関の中でも、もっとも厳しいのは国税だからです。

国税以外のチェック機関は、ほとんどおざなりのチェックしかしません。

政治団体は一応、弁護士、公認会計士、税理士などでつくられる登録政治資金監査人による監査を受けなくてはならないようになっています。ただし、それは形ばかりのものであり、国税のような厳しい追及はありません。

だから政治団体の収支報告書というのは、適当につくることができるのです。

つまり国会議員の経理というのは、国税の追及を受けることがないので、かなり適当に記載することができるのです。

では今回はなぜ課税漏れが見つかったかというと、今回は法人税や所得税ではなく、**相続税**だったからです。

相続税の場合は、政治団体であっても課税の対象になります。

だから国税は鳩山邦夫元総務相の政治団体にもメスを入れたわけです。

鳩山家の課税漏れは今回で2回目

この鳩山邦夫元総務相の遺族は、100億円以上の遺産をもらっていたそうです。

一般庶民の筆者から見れば、想像もつかない金額です。

しかも実は、鳩山家の税金の申告漏れは今回が初めてではありません。

この鳩山邦夫元総務相の兄の鳩山由紀夫元首相が母親からの資金提供を受けていて、贈与税の申告をしていなかったということが以前にあったのです。

その額は2002年から2009年まで12億6000万円という巨額です。

この資金提供に対し鳩山由紀夫元首相は、2009年の12月に贈与税の申告漏れとして6億円の納税をしています。

この鳩山家というのは親子代々国会議員を務めており、現在、衆議院議員を務めている鳩山二郎氏（鳩山邦夫氏の次男）でなんと五代目なのです。

曾おじいちゃんの父親の代から国会議員を務めているのですよ！　驚きです。

今の日本人の中で高祖父の職業を継いでいるような人は、ほとんどいないはずです。よほどの老舗商店くらいしかないはずです。

ところが国会議員の場合、そういう人は普通にいます。国会議員という職業は完全に世襲制となっていますね。

明治維新というのは、世襲制の世をぶち壊すことがテーマの一つでもあったはずです。それなのに安倍首相にしろ、麻生太郎財務大臣にしろ、日本の国会は世襲議員ばかりです。

巨額の資産を持つ政治家の一族ばかりが国政を牛耳る……日本の将来に不安を持つのは私だけではないはずです。

株の相続における課税漏れ

株式の相続について、興味深いニュースが昨今報道されました。
次の記事を読んでみてください。

元日本写真印刷社長、相続財産6億4000万円の申告漏れ~大阪国税局の税務調査を受けて

東証1部上場の印刷会社「日本写真印刷」（日写、本社・京都市中京区）の名誉会長＝2011年死去＝の親族が、大阪国税局の税務調査を受け、相続財産約6億4000万円の申告漏れを指摘されたことが分かった。過少申告加算税を含めて相続税約2億円を追徴課税された。親族らは全額納付する一方、先に納付した贈与税約1億4000万円の還付を受けた。

日写によると、鈴木正三名誉会長は11年11月に亡くなり、現社長である長男ら親族が財産を相続した。

鈴木名誉会長の死後、長男は日写の持ち株会社の株主から、持ち株会社の株を譲り受けたとして贈与税を納めた。だが、国税局は株を実際に所有していたのはこの株主ではなく鈴木名誉会長で、長男は相続税を納める必要があると判断。日写株は贈与の時点より相続の時点の方が高かったため、持ち株会社の株の評価額も高まり、納税額も増えた。

長男らは他の相続財産についても申告漏れを指摘されたという。長男は代理人を通じて「見解の相違はあったが、修正申告した」とコメントした。日写は1929年創業で特殊な印刷資材の開発・生産などを手がけている。

（毎日新聞　2015年11月11日配信）

この事案は、死亡した名誉会長が事実上保有していた株式を他の役員が保有していたことにして、遺族が相続財産からはずしていたというものです。遺族は、この株式をその役員から贈与されたとして、贈与税の申告を行っているので、もらった株をまったく隠してしまったわけではありません。結局のところ、もらった株式については全部申告しているわけです。

なぜ、この遺族はこのような、わずらわしいことをしたのでしょうか？

実は上場している企業などの株式を相続する場合、死亡した時点での株価が相続税の計算の基礎になります。だから死亡した時点では株価が非常に高かったのに、その後に安くなってしまうというケースもあります。そういう場合、相続税は高くなるのに、実際に財産を手に入れたとき（相続の分配が終わったとき）には、資産価値が相当目減りしていることもあるのです。

この事案では、そういうケースだったのです。

もちろん遺族としては、非常に損をした気になってしまいます。

しかも、この事案では、株式の一部が他の役員が保有していたことになっていたのです。事実上、死亡した名誉会長が保有していたものですが。そういう条件も重なったために、相続時点での株式をもらったことにしないで、株価が下がった後に、贈与してもらったとして申告したものと思われます。

まあ、見方によっては、遺族側の言い分も無理ではないといえます。ただ国税の判断としては、株式を事実上保有していたのは、死亡した名誉会長だったということになったのでしょう。

ところで、かの世界的な大富豪のロスチャイルド家では、一族のだれかが死亡するときには、その直前に**持ち株の一部を一族が同時に売り払う**そうです。そうして株価を下げ、相続税の評価額を下げるというのです。相続税の仕組みというのは、先進国ではどこも似たようなものですからね。そういう方法で、相続税を逃れることもできるのです。普通の人の感覚では到底理解できない世界ですが、まあ参考までに。

犯罪マネーに税金はかかるのか？

詐欺などで逮捕された人が、後で脱税でも起訴されるというようなことがよくあります。典型的なケースが昨今報道されましたので、まず次の記事を読んでみてください。

〈助成金詐欺〉スパコン社長を追起訴　東京地検、捜査終結へ

スーパーコンピューター開発企業「ペジーコンピューティング」（東京都千代田区）を巡る助成金詐欺事件に絡み、約8億円の法人所得を隠すなどしたとして東京地検特捜部は13日、社長の斉藤元章被告（50）＝詐欺罪で起訴＝を法人税法違反などで追起訴し、法人としての同社を起訴した。ペジー社を巡る事件の一連の捜査は終結する見通し。

起訴状や関係者によると、斉藤被告は自身が役員を務めていた別の企業などへの架空の外注費を計上するなどの手口で、２０１４年12月期までの5年間にペジー社の所得約8億４８００万円を隠し、法人税約2億３０００万円を免れたとされる。これに伴い、11～14年に消費税など約４６００万円も免れたなどとされる。隠した所得の一部は私的に流用したとみられる。

起訴された法人税の脱税額は逮捕時から約１００万円減った。特捜部は斉藤被告の認否を明らかにしていない。

斉藤被告はこれまでに、ペジー社の事業開発部長だった鈴木大介被告（47）と共謀し、新エネルギー・産業技術総合開発機構（ＮＥＤＯ）の12～13年度の助成事業で、同機構から計約6億５３００万円をだまし取ったとして詐欺罪で起訴されている。

（毎日新聞　２０１8年2月13日配信）

この脱税ニュースを見ると、

「この人たちは助成金をだまし取っただけじゃなく、脱税までしていたのか」

「なんて悪い人たちだ」と思う人もいるでしょう。

ですが、その見方は、少し誤解があります。

というのは、この「ペジーコンピューティング」社は最初に開発費用を実際よりも水増しして計上し、助成金を不正に受給したということで起訴されています。政府に出す書類で、開発費用を水増ししていれば、当然、税務署の申告でもその水増しした数字で提出することになります。助成金の申請にだけウソを書いて、税務署の申告書に本当のことを書くわけはありませんからね。

だから必然的にウソの税務申告をしているので、結果的に「脱税」となっているわけです。

つまり脱税をしようと思って脱税をしたというより、助成金をだまし取るためについたウソが結果的に脱税にまで発展したということなのです。

ところで、このペジーコンピューティング社は、助成金の不正受給によって大きな収益を得ていたわけで、脱税した所得のほとんどもこの不正受給がらみのものだと思われます。いわば、犯罪によって収益を得ていたわけです。だから犯罪収益に対して、追徴課税が課せられたことになります。

これって、ちょっと不思議に思いませんか？

犯罪で得たお金に対して、税金がかかっているのですから。

極端に言えば、オレオレ詐欺とか、違法薬物の販売で得た収益に税金をかけるのと同じなわけです。

オレオレ詐欺とか、違法薬物の販売の収益に対しても、税金はかかるのでしょうか？

答えは**イエス**なのです。

税法では、特別の規定がない限り、あらゆる収益に関して税金がかけられるようになっています。だから犯罪で得たお金であっても、税金はかかることになっているのです。

詐欺などの経済犯罪が起きたときには、その直後に同じ容疑者が脱税で摘発されることが時々あります。それは、こういう背景があるからなのです。

しかし詐欺などの経済犯罪って、だいたい儲かった分は罰金で持っていかれますよね？

しかも、その罰金は、**経費などで差し引けない**のです。つまり罰金はなかったものとして、儲かったお金だけが収益としてカウントされるのです。

つまり詐欺などで儲かった人は、罰金で全部儲けを差し出したとしても、税法上は、その儲けの全額に対して税金がかかってくるのです。

悪いことをすれば、それだけ**報いも大きい**ということでしょうね。

宗教法人を隠れ蓑にした脱税

宗教家、宗教法人というのは脱税しやすいということを前述しましたが、一般の人が宗教法人を買収して、巧みな脱税をするケースも見られるようになってきました。

次の記事を読んでみてください。

開運グッズ販売し脱税　国税OBら3人に有罪判決

開運グッズ販売などで得た所得を隠し法人税約1億円を脱税したとして、法人税法違反罪に問われた雑貨販売会社「アドライン」（大阪市、解散）の元実質経営者河本大介（35）、大阪国税局OBの税理士野上孝行（48）両被告の判決が12日、大阪地裁であった。

国分進裁判官は河本被告に懲役1年8月、執行猶予3年、罰金1000万円（求刑懲役1年10月、罰金1500万円）、野上被告に懲役1年2月、執行猶予3年（求刑懲役1年2月）を言い渡した。

国分裁判官は、両被告が、買収した宗教法人に対し、アドラインなどが祈とう料を支払ったように装い架空の経費を計上したと指摘。「計画的、巧妙で悪質」と非難した。判決によると、両被告は共謀し、アドラインなど2社の2010年4月〜11年10月の所得が計約4億円あったのに、架空経費の計上により所得がなかったと虚偽申告。法人税約1億1920万円を免れた。

（時事通信　2016年1月16日）

これは**宗教法人に架空経費を支払ったように見せかけた脱税**です。

通常、架空の経費というのは、発覚しやすいものです。

たとえばA社がB社に1000万円の経費を払ったように装ったとします。しかし、この場合、調査官が少し調べれば、すぐに仮装はばれます。この1000万円は、B社にとっては売上となっていなければならないので、B社の売上を調べればすぐに確認できるからです。

宗教法人の場合は、そうではないのです。宗教法人は、宗教活動による収益には法人税がかかりません。つまり売上として申告する必要はないのです。祈とうというのは、宗教活動に入るので、祈とう料という名目で架空の経費を払えば、宗教法人側はそれを売上として申告しなくていいのです。

もちろん売上として申告はしなくていいのですが、寺の収入などは檀家などの目もあるので、きっちり管理する必要があります。檀家の代表が寺の収支を管理するケースもあります。ところが、この脱税グループには、宗教法人の檀家代表も入っているので、寺の収支も適当につくろうことができます。

そのため、なかなか脱税が発覚しにくい状態になっていたものと思われます。

なぜこの脱税が発覚したのかというと、この脱税グループは強引な開運商法で消費者庁から業務停止命令を受けていたからです。

そのため国税も着目することになり、宗教法人などの関連者全般に調査を行ったのでしょう。宗教法人は法人税の申告がなくても、税務調査を受ける義務はあります。そこで宗教法人内での帳簿や金の管理、支出をつかまれ「脱税発覚」となったのだと思われます。

"横目"は合法か？

税務署や国税局の調査手法には、違法ギリギリのものもあります。

たとえば**納税者のゴミをあさる**というようなことも以前は普通に行われていました。おそらく昨今のネット時代では、そういうことをしてもしネットで流されれば大変なことになるので、あまりやっていないと思われます。

税務署や国税局としては普通のやり方をしてもなかなか脱税の証拠をつかむことはできないので、現在でもギリギリの調査をしているのです。

そして、その**調査方法自体が違法**だとして争われたこともあります。

その例を一つご紹介しましょう。

次の記事を読んでみてください。

高額的中馬券の脱税裁判で争われたマルサの「横目捜査」の是非

ＪＲＡの競馬の的中馬券の高額な払戻金を税務申告せず所得税約６２００万円を脱税したとして、所得税法違反罪に問われた大阪府寝屋川市職員、中道一成被告（48）＝休職中＝。

５月９日、大阪地裁で懲役６月、執行猶予2年、罰金１２００万円の判決が言い渡された。

中道被告は、ＪＲＡが指定する５つのレースを指定する、「ＷＩＮ５」で、

２０１２年に約５６００万円、２０１４年には、２億３０００万円という超高額の馬券を的中させた。

だが、的中馬券で得た収入を申告していなかったことで脱税に問われた。

このような、的中馬券の高額な払い戻しをめぐっては、２０１２年にも、３年間で約30億円の馬券を的中し、払い戻しを受けていた会社員が立件された。会社員はパソコンソフトの予想に独自のデータを加味して、大量の馬券を購入。的中率をアップさせていた。

いわば「投資」の一貫で、馬券の購入費用が「経費」として認められるという判断が裁判所で下された。

だが、中道被告は競馬の予想紙などで買い目を決めて、１００円ずつ購入するという極めて「アナログ」な手法で的中させていた。

中道被告は、法廷で脱税したことは認めた。しかし、大阪国税局がなぜ中道被告が高額な払い戻しを受けたことを知ったのか、と疑問視。

大阪国税局が、別の脱税事案で銀行を任意調査した際、「別の情報を盗み見て、偶然、中道被告の高額な払い戻しを発見して、資料を持ち帰った。中道被告は、高額な払い戻しは家族などだれにも知らせておらず、違法収集証拠で無罪だ」と主張した。

いわゆる、マルサの「横目調査」と言われる手法を問題視したのだ。

判決では、「大阪国税局の担当者の、別の脱税事案の捜査との関連性があったという主張は信用できない。だが、銀行の了解があり、調査している。違法の程度は重大とは言えない」と中道被告の主張を退けた。

そして中道被告にこうも断罪した。

「被告は寝屋川市役所で課税担当部門におり、納税者の模範となるべき立場。批判は免れない」

「的中馬券の払い戻しを受け、具体的に計算し、納税義務が確定的に生じることを認識していた」

だが、すでに脱税した金額については、納税を完了させていることが情状となり、執行猶予判決となった中道被告。公務員の職は失わずに、すみそうだ。

（AERA dot.編集部取材班　2018年5月9日AERA配信）

馬券の配当金は、所得税の対象となるため、高額の場合、申告しなければなりません。しかも個人が趣味で馬券を購入しているような場合、はずれ馬券は必要経費としては認められません。だから、**当たったときだけ課税される**ということになってしまうのです。

コンピュータなどの計算をもとに毎回、大量購入しているような場合は、事業同様と認められ、はずれ馬券を必要経費として認められたケースもありました。でも普通の人が普通に馬券を買う場合、それは認められないのです。

馬券などのギャンブルの配当金の課税については、このようにいろいろ問題があるところですが、今回の裁判はそれがテーマではありませんでした。

今回のテーマは**「横目」**だったのです。

この記事にあるように、税務署は横目という調査手法を使って、この脱税を発見していたのです。

横目とは、どういう手法か簡単にご説明しましょう。

税務署には、調査対象者の銀行預金などを調べる権限があります。税務署が銀行に対して、「この人（この会社）の預金を調べたい」といえば、銀行は拒否できないのです。

しかし、この銀行調査は、あくまで「具体的な調査対象者」が決まってからの話です。調査対象者が決まっていないのに、ただ漠然と銀行のデータを調べることはルール違反とされているのです。プライバシーの侵害になりますし、調査対象者もいないのに、いつもいつも銀行のデータを漠然と見に来られると、銀行も迷惑です。

しかし銀行の取引データというのは、**税務署にとっては宝の山**です。入金額が大きい人をピックアップしていけば、巨額の収入がある人を見つけ出すことができます。そして、その人の申告を確認し、きちんと申告がされていなければ、「脱税の疑いあり」ということになります。

だから税務署は本音としては、銀行のデータを漠然と調べたいのです。

が、先ほどもいったように、それをすればルール違反となります。

なので税務署は、銀行に対し、ダミーの調査対象者を設定して、調査の許可を得ます。そして銀行に入り込んで、いろんなデータを見るのです。

本来は調査対象者の口座だけしか見ることができないはずですが、調査対象者だけのデータをピックアップするのは銀行としても面倒ですし、税務署は「仮名口座などがあるから、全部見せてくれ」と言ってきます。それで銀行は調査対象者だけじゃなく、税務署にいわれるままにデータをごっそり差し出すのです。

税務署としては一応、調査対象者を調べるという体をとらなければなりません。税務署が調査している間、そばに銀行員も控えています。一応、税務署としても「調査対象者だけを調べてますよ」というポーズをとらなければならないのです。そういうポーズをとっていながら、脇にあるいろんなデータをこっそり見て、重要な部分を写し取っていくわけです。**横目でデータを探す**ことから、この調査手法のことは「横目」と呼ばれることになったのです。

税務署がこの横目を行っていることは、税務の世界では**「公然の秘密」**でした。というより、私をはじめ税務署ＯＢのいろんな人が隠すことなく、この横目の調査手法を紹介していますので、公然の「秘密」でさえないものとなっていました。

この裁判で被告側は事実関係自体ではなく、この横目という調査手法を問題視したわけです。

麻薬取引などごく一部を除いて、違法捜査によって取得された証拠は認めないということに日本の司法はなっています。

だから被告側は違法的な調査で発覚したのだから、これは無効だと訴えたわけです。

結局、裁判所は、「横目という調査手法自体は違法だが、それほど重大性がない」という判断で被告の主張を退けました。

この判決で、国税側はほっとしたことでしょう。

というのも横目という調査手法は、非常に一般的に行われており、これが無効となれば、**国税は大きな武器を失う**ことになります。しかも今までの脱税事件の多くも判決が覆(くつがえ)される事態になりかねません。

それでも裁判所は重大性がないと述べつつも「横目を違法」と判断したのです。今後の税務調査に影響が出るかもしれません。

ちなみに、このＡＥＲＡの記事では、中道被告は公務員の職は失わずにすみそうだと結ばれていますが、結果的に懲戒免職になっています。

第5章

グローバル化する脱税

海外に居住地を移せば日本の税金がかからない

昨今の脱税手法には富裕層にしろ、企業にしろ海外を使ったものが多くなっています。また海外を使えば、「脱税」ではなく、**「合法的」に税を逃れる**こともできるのです。この章では、海外を使った脱税事情、税金事情をご紹介したいと思います。

海外を使った金持ちの節（脱）税でもっともオーソドックスな方法は、海外に居住地を移転することです。タックスヘイブンという言葉が最近よく使われています。タックスヘイブンというのは、税金がほとんどかからない国や地域のことです。

そのタックスヘイブンに住所地を移すわけです。

海外に居住すると、どうして節税になるかというと、住所地が海外にある人は、日本で生じた所得だけにしか所得税は課せられなくなります。

海外に居住している人の日本の所得税は次のようになっています。

日本からの収入がある人↓日本からの収入にのみ所得税がかかる

日本からの収入がない人↓日本の所得税はかからない

〔タックスヘイブンによる課税逃れのイメージ〕

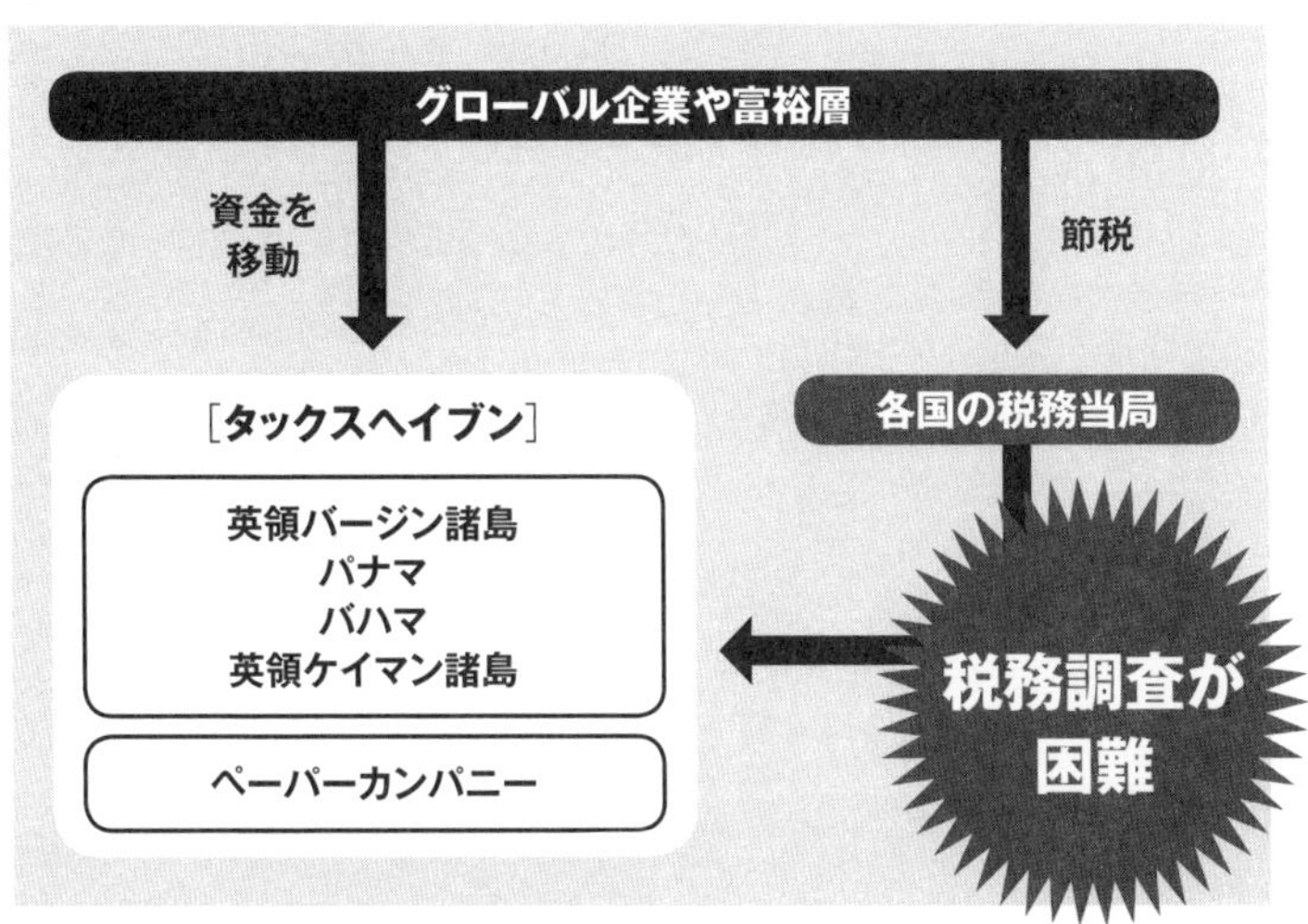

もちろん海外の居住先の税法に従わなければならないので、現地で所得税を払うケースもあります。でもタックスヘイブンの場合は、ほとんど税金がかからないので、無税ということになるのです。またタックスヘイブンじゃなくても、海外では所得税が安い国はたくさんありますので、**日本との差額分だけ税金が安くなる**のです。

だから時には住民票だけ海外に移したり、一定期間だけ海外に居住したりして節税するというケースもあります。

しかし税務上の非居住者として認められるには、ただ住民票を移すだけではダメです。日本の国内に住所地がない「非居住者」になるには、1年間のうちだいたい半分以上、海外で生活していなければならないとなっています。しかし、これには厳密な線引きはなく、生活や仕事の実態などから非居住者かどうかが判定されます。

住民票を海外に移していても、日本での生活実態があるということで課税されたケースも多々あります。

2015年には次のような課税漏れニュースが報道されました。

接着剤メーカー大手「スリーボンド」の元会長がアメリカに住民票を移し、海外での収入について税金を申告していませんでした。

東京国税局は元会長の居住実態は日本にあるとし、日本で税金を申告すべき、と指摘したということです。

元会長はスリーボンド社から役員報酬などの支払いを受けており、そのほかに海外に展開する同社の現地法人からも給与を得ていました。元会長はスリーボンド社の役員報酬は源泉徴収により所得税を納税していましたが、海外分については日本では税務申告しておらず、海外で申告していたのです。

東京国税局は元会長の生活実態を調べ、日本に1年の半分以上滞在していたことなどから、生活拠点を海外ではなく日本と認定しました。

元会長は、アメリカに住民票を置きつつも、1年の半分以上は日本で暮らしていたわけなのです。

逆にいえば、1年の半分以上を海外で過ごせば、日本の所得税や住民税を逃れることができるのです（ただし生活の基盤が明らかに日本にあるなど条件によっては、逃れられない場合もあります）。

海外に住めば住民税も払わなくていい

しかも非居住者になれば、日本で所得税を払わなくていいだけではなく、住民税も払わないでいいのです。

住民税というのは、住んでいる市町村、都道府県からかけられている税金のことです。住んでいないのだから、住民税を払わないでいいというのは、当たり前といえば当たり前ですが。

もちろん、海外での居住先で住民税を払わなければならないケースもあります。でも、日本ほど厳密ではないので、払わないですむケースや、日本よりもはるかに低い額ですむケースがほとんどのようです。

だから本当は日本で生活しているのに、外国に住居を移して住民税を払わないというケースもけっこうあります。

小泉純一郎内閣時代の総務大臣だったかの竹中平蔵氏も、そういう疑惑をかけられていました。彼はアメリカで研究をしていた時期があり、そのときにアメリカに住所地を移していたのです。

しかし当時彼は日本の大学で教鞭をとっており、アメリカには時々滞在していただけではないか、という指摘があったのです。

住民票をアメリカに移しているので当然、日本での住民税は払っていません。しかもアメリカでも申告していないのではないかという疑惑が問題になり、国会でも追及されたのです。

「そのときはアメリカに住んでおり、アメリカで住民税を払っていたんだから問題ない」と竹中元大臣は答えていましたが、アメリカで住民税を払ったことの証明書は、最後まで提出しませんでした。

この件では、税務の専門家のあいだでも、**「限りなくクロに近いのではないか」**と発言をしていた人が多かったのです。

海外転居を偽装する脱税

また海外への転居を装って住民税などを脱税した事件なども起きています。

２０１６年9月には、こういう事件が報じられました。

愛知県豊橋市の企業グループの元役員がブラジルに転出すると虚偽の届けをし、3年分の住民税計約1億７４００万円を脱税したとして、名古屋地検特捜部から在宅起訴されたのです。

起訴状によると、２０１２～14年の各年末、市役所にブラジルへ転出するという届けを出し、13～15年度の確定申告書にはブラジルでの住所を記載していたのです。

実は「住民税」というのは、以前から**この手の脱税には弱い**のです。

住民税というのは、居住している自治体にかかってくる税金です。徴収を担当するのは、市区町村の役所です。

そして住民税というのは、市町村がその年の1月1日に住民票がある住民に対して、徴税するシステムになっています。

でも、もし海外に住民票を移していた場合、1月1日にはどこの市町村にも住民票がありません。ということは、どこの市町村も徴税しようとはしないのです。だからといって、それがもしウソだったとしても、どこの市町村も調査をしたりはしないのです。

市区町村の役所というのは、自分の区域内に住民票がある人のみを、住民サービスの対象としています。

普通の国内転出の場合、他の市区町村の管轄に移りますので、前の居住地の市区町村は、その時点で住民サービスをすべてストップします。それは税金の徴収も同様です。

そのため、いったん住民票を移してしまうと、それ以上、その人を追跡するようなことはありません。

だから海外に住民票を移した場合、「管轄する市区町村がない」となり、脱税していたとしても、どこの市区町村も**「管轄外」**ということで追いかけないことになってしまうのです。

今回、脱税が発覚したのも、この親子が豊橋市から転出した後も、豊橋市内で大々的に事業経営をしていたからです。この親子が経営していたのは、かなり大きな企業グループでした。ここまで大々的にやっていれば、さすがに市役所のほうも気づくだろう、ということです。豊橋市に住んでいる事実があれば、自分の市の管轄になりますので、市の担当者も摘発に動いたのでしょう。

ですが、もしこれが事業家ではなく、投資家などの表に出ない仕事だった場合を想定してみましょう。こっそり住民票だけ海外に移してしまえば、**ばれないことも多いはず**です。実際このようなことをしている富裕層は、けっこういると思われます。

海外に移住することが珍しくなくなった昨今、この手の脱税は増えると思われます。

海外資産隠しは減るのか？

前にも少しふれましたが、タックスヘイブンというものが昨今、脱税や節税に非常によく利用されています。タックスヘイブンというのは、著しく税金の安い（もしくはゼロ）の地域のことです。

タックスヘイブンという制度は、はじめは香港、シンガポールやケイマン諸島などの小国が始めたものです。富裕層や大企業を誘致するために、税金を極端に安くしていたのです。富裕層や大企業が名義だけでもその地に置いておけば、かなりのお金が落ちるからです。

しかし、タックスヘイブンに大きなお金が落ちるのを見て、昨今ではヨーロッパのオランダやルクセンブルク、アイルランドなどもタックスヘイブンとなっていきました。

クスヘイブンがここです！

アイルランド
法人税は12.5%。しかし優遇策でさらに低税率に。国際的な批判を受けて法人税への優遇は中止する方向に。
バハマ
法人税、所得税、キャピタルゲイン税、相続税などが無税。
英領バミューダ諸島
法人税、所得税、キャピタルゲイン税、相続税などが無税。グーグルが節税対策として活用したことで有名。
ジャージー
ジブラルタル
ドミニカ
英領ヴァージン諸島
法人税やキャピタルゲインが非課税。多国籍企業や投資ファンドの節税管理会社で活用されることが多い。
グレナダ
英領ケイマン諸島
所得税、キャピタルゲイン税、相続税が非課税。ヴァージン諸島同様、節税目的のペーパーカンパニーが多数存在。
パナマ
アメリカ企業やアメリカの富裕層が歴史的に活用してきた。同地に設立した法人の国外からの所得が非課税。
アメリカ
デラウェア州
州内で営業していない企業でも法人税が非課税。アメリカ上場企業の半数以上が同州に登記上の本社を置く最強のタックスヘイブン。
ネヴァダ州
州法人税が無税。デラウェア州と並ぶ全米屈指のタックスヘイブン。

世界のおもなタッ

またアメリカのデラウェア州、ネヴァダ州などもタックスヘイブンに似た制度をつくっています。

タックスヘイブンには税金が安いだけじゃなく、預かり資産に対する「高度な秘密主義」があります。その国の法律で、預かった資産の情報をむやみに流してはいけないとなっていることが多いのです。

だから世界中の富裕層たちが税逃れや秘密資産を隠し場所として、タックスヘイブンを利用しているのです。

タックスヘイブンの秘密資料が流出した「パナマ文書」や「パラダイス文書」では、世界中の有名人や政治家、実業家などがタックスヘイブンを利用していたことが明らかになりました。ご記憶の人も多いでしょう。

もちろんタックスヘイブン以外の国々にとって、タックスヘイブンは**非常に迷惑**です。自分の国の富裕層が資産をタックスヘイブンに隠してしまえば、なかなか手出しができません。どのくらいの資産があるのかを確認しようにも、タックスヘイブン側がまったく開示に応じてくれないのです。

そもそも資産を国外に隠しているだけでも、税務当局にとっては非常に難儀です。国外の資産を調べようと思えば、相手国の税務当局に申請し、相手国の税務当局が許可を出した上で、金融機関などを調査することになります。

相手国の金融機関にとっては何の得もない、仕事が増えるだけのことですから、なかなか協力してはくれません。

国内の金融機関を調べるのとは、まったくわけが違います。

ましてやそれがタックスヘイブンとなると、**完全にお手上げ**です。相手の政府自体が、非協力なのですから。

それでもタックスヘイブンは道義的な責任もあり、世界中から非難を浴びるようになりました。そのためタックスヘイブンも、脱税や犯罪に関する資産情報は開示に応じるなど、ある程度、柔軟な対応をとるようになってきました。

次の記事を読んでみてください。

国税庁、海外55万件の口座情報入手　租税回避防ぐため

国税庁は31日、日本人や日本の法人が海外64カ国・地域に持つ約55万件の金融口座情報を入手したと発表した。国際的な租税回避を防ぐため、それぞれの国が非居住者の口座残高などの情報を交換する新制度に基づくもの。同庁は今後、入手した情報をもとに、富裕層による海外への資産隠しなどの調査を進める。
２０１４年に経済協力開発機構（ＯＥＣＤ）が策定した「共通報告基準」（ＣＲＳ）に基づく仕組み。参加国は自国の金融機関の口座のうち、非居住者が保有する口座の氏名、住所、残高、利子や配当の年間受取総額などを相手国に電子送信する。交換は年1回自動的に行うルールで、今年は日本や租税回避地（タックスヘイブン）を含め１０２カ国・地域が参加。日本は31日までに64カ国・地域から約55万件の情報提供を受け、58カ国・地域に約９万件を提供した。
日本では、５千万円超の海外資産を持つ人は「国外財産調書」の提出が義務づけられている。国税庁は今回の情報交換で得たデータと国外財産調書を照合するなどして、租税回避行為の把握に努めるとしている。

（朝日新聞　２０１８年10月31日配信）

この記事にあるようにＯＥＣＤの肝いりにより、１０２か国が参加して、お互いの国の国民が国外に預けている資産などについては、一定の条件のもとで開示するようになったのです。そしてタックスヘイブンの国や地域も、世界的な批判にさらされてこの国際税金制度に加盟することが多くなっているのです。

この制度により、日本は2018年に64か国・地域から**約55万件の情報提供**を受けたそうです。

ところで現在、日本では5000万円以上の海外資産を持っている人は申告をしなければならない義務があります。これは2013年末からスタートした「国外財産調書制度」によるものです。もし違反すれば、懲役刑もあります。

しかし、この申告をしている人は、現在のところ**わずか8000人**しかいないのです。

世界の保険会社などの試算では、日本で100万ドル以上の資産を持っているミリオネアは**200万人以上いる**とされています。

その中には海外に資産を移している人もかなりいると見られます。海外資産の申請者8000人というのは1%以下であり、あまりに少なすぎるのです。

それはつまり資産をこっそり海外に持ち出し、海外で保管している人が相当数いるのではないかという結論になります。

おそらく、**申請者の数倍から数十倍はいる**と思われます。

これらの海外隠し資産も、今回の世界各国からの情報提供により、かなり把握できるのは間違いないでしょう。もちろん、まだまだ「巧妙に隠された秘密資産」などの核心のデータはなかなか得られないでしょう。しかし、これまでの「タックスヘイブンに持ち出せばOK」という脱税スキームは、今後、かなり困難になるはずです。

タックスヘイブンを駆使するGAFA

タックスヘイブンのシステムを最大限に駆使しているのは、いわゆるGAFAです。GAFAというのは、グーグル、アマゾン、フェイスブック、アップルのことです。この4つの企業はご存知のようにインターネット関連で急成長し、世界規模のビジネスを行っているアメリカの企業です。

彼らはタックスヘイブンという**法の抜け穴**を利用して、合法的に税を逃れているのです。その代表的なケースを、アップル社に見ることができます。

アップルはネヴァダ州、アイルランド、オランダ、ヴァージン諸島などのタックスヘイブンを利用することで、グループ全体の実効税率を9・8%にまで下げていました。

アップルの逃税スキームは、非常に巧妙なものでした。

アメリカには、**コストシェアリング**という制度があります。アメリカの会社と外国の会社が無形資産を共同開発した場合、アメリカでの権利はアメリカの会社が、アメリカ外での権利は外国の会社が使用できることになっています。

アップルはこの制度を利用し、アイルランドの子会社にアップルの研究開発費を負担させました。そうすることによって、「共同開発」という体裁をつくったのです。

研究開発はすべてアメリカで行っているにもかかわらず、アイルランド子会社が費用を負担しているということで「共同開発」にしたのです。

これによりアメリカ外でのアップルの使用料は、アイルランドの子会社がすべて受け取れることになったのです。

アイルランドの法人税率は12・5％であり、アメリカの約3分の1です。

2004年にアップル社は世界売上の3分の1以上を、アイルランド子会社に集中させていました。

またアップル社はアイルランド子会社を二つ持っており、そのうちの一つは本籍をヴァージン諸島に置いています。

アイルランドの税法ではアイルランドで設立された会社であっても、居住地が外国にある場合は、その国で課税されることになっています。そのためアイルランド子会社のうちの一つは、ヴァージン諸島で課税されることになるのです。

ヴァージン諸島は、タックスヘイブンで法人税はかかりません。アップルは、このヴァージン諸島に置いている会社にグループの利益の大半を集中させました。

その結果、アップル社はグループ全体の税負担率を9・8%にまで下げることができたのです。

アイルランドは先進国の中では、非常に税法がゆるい国です。

そのためアップル社はアイルランドを噛ませることで、タックスヘイブンを使うことができたのです。

アップル社が直接、タックスヘイブンに利益を集中させようとしても、アメリカの税法が許しません。しかしアイルランドを経由することで、アメリカのタックスヘイブン対策をかわすことができたのです。

しかもアップル社は、二つのアイルランド子会社の間にオランダの子会社を挟ませています。これによりアメリカの税務当局の追及を完全にかわすことができるのです。

このアップル社の手法は、ダブルアイリッシュ・ウィズ・ダッチサンドウィッチと呼ばれています。

「二つのアイルランドでオランダをサンドウィッチする」という意味です。

この手法は、ＩＴ企業の逃税スキームのモデルケースとなり、ほかのアメリカのＩＴ企業も続々と真似をするようになりました。

アップル社はこのスキームにより、アメリカで約24億ドルの税金を免れたとされています。24億ドルということは、日本円にして約2600億円です。

アマゾンの巧妙な逃税術

アマゾンもまたタックスヘイブンを巧妙に使っています。

アマゾンは子会社を税金の安いタックスヘイブンに置き、グループ全体の利益をそこに集中させて節税をしているのです。

クレジットの決済機能をアイルランドの首都ダブリンに置いたり、ヨーロッパでのビジネスの利益はルクセンブルクに集中するようにしています。アイルランドもルクセンブルクも、世界的なタックスヘイブンであり、とくにルクセンブルクはアマゾンに対して、さらなる税優遇措置を講じています。

その結果、アマゾンは世界中で荒稼ぎしているにもかかわらず、世界各国で微々たる税金しか納めていないのです。

もちろん、これは世界中から非難を浴びています。

EU（欧州連合）は「アマゾンはルクセンブルクで不当に税を逃れている」と断定し、

ルクセンブルク政府に対して追徴課税をするように指示しました。またイギリスでも、アマゾンやグーグルなどのアメリカ系グローバル企業の税逃れを防ぐ法案をつくりました。

さらに2018年には、G20が協力してネット通販企業の逃税を防ぐ方策が検討されはじめました。

G20では、さすがに今のままアマゾンに荒稼ぎされてはたまらないということで、各国が協調して対応に乗り出したということです。

アマゾンに関しては、アメリカのドナルド・トランプ大統領もたびたび非難しています。2018年3月29日にも、トランプ大統領は、「アマゾンは税金を払っていない」として、同社への課税を強化すると発表しました。

アマゾンは一応、アメリカで税金を払っているのですが、収益のほとんどをタックスヘイブンに移すなどしているため、アメリカで支払っている税金はわずか200億円程度なのです。全世界での年間売り上げが10兆円を超えているにしては、あまりに納税額が少なすぎます。アメリカとしても、**アマゾンにもっと税金を払ってほしい**わけです。

タックスヘイブン対策「移転価格税制」とは？

タックスヘイブンなど税金の安い国や地域を使った〝節税〟に関して、日本政府もただ手をこまねいているわけではありません。

日本の税務当局も **「移転価格税制」** という制度をとり入れています。これは、海外に子会社を持つ企業が不当な取引をして、税金の安い国にグループの利益を移転した場合は、妥当な取引額に訂正して税金の計算をしなおす、という仕組みです。

海外に展開している会社は、海外の関連会社と適正な価格で取引をしなければならないのです。

つい最近、「無印良品」で有名な良品計画が、中国との取引に関して東京国税局から追徴課税を受けています。

以下の記事を読んでみてください。

良品計画75億円申告漏れ　中国子会社に利益移転　東京国税局

「無印良品」を展開する良品計画（東京）が中国子会社との取引をめぐって東京国税局の税務調査を受け、２０１７年2月期までの3年間で約75億円の申告漏れを指摘されていたことが18日、同社などへの取材で分かった。

子会社への利益移転で日本での納税額が少なくなったとして、移転価格税制が適用された。

法人税の追徴税額は過少申告加算税などを含め約21億円。良品計画は更正通知を受け、納税を済ませたという。

同社や関係者によると、良品計画は中国への出店を進め、現地の子会社から商標権の使用料などを得ていた。国税局は、通常より安く設定することで利益を子会社に移転していたと判断した。

移転価格税制とは、企業が海外の子会社などを利用して課税所得を減少させた場合、独立した企業間の通常の取引価格で行われたとみなして計算する制度で、海外への利益移転を防ぐために導入された。

良品計画は「見解の相違はあるものの支払うことにした。二重課税の再発を回避するため、日中の税務当局に2国間協議を申請した」とのコメントを発表した。

（時事通信　２０２０年3月18日配信）

この「移転価格税制」により、税務当局の指導を受けたり、課税漏れを指摘されたりする企業はけっこうあります。

たとえば2008年の4月には、ホンダが中国子会社との取引において、技術指導料などが低すぎるとして1400億円の課税漏れの指摘を受けています。

また同年7月には三菱商事と三井物産が、オーストラリアの液化天然ガスの取引をめぐって、それぞれ48億円、47億円の追徴課税を受けています。

このように海外進出企業がタックスヘイブンなどに利益を集中し、本国での税金を安くすることに対して、日本の税務当局もそれなりの対応はしているのです。

しかし、この移転価格税制は、完全なものではありません。

というのも移転価格税制は、本社と海外子会社の「適正価格での取引」を旨としていますが、そもそも適正な価格とはなんぞや？　という**定義が難しい**のです。

取引価格というのは、時と場合によって変化するものです。なので何をもって適正とするかは、非常に難しい判断を要するのです。

企業側から見れば、多少、価格をいじっても、いくらでも言い訳はできるのです。

つまり「だれがどう見ても、この価格はおかしい」というものならば、移転価格税制の網に引っ掛かりますが、そうでない場合は漏れてしまうことが多いのです。

また企業にとっては当たり前の取引をしたつもりでも、税務当局から否認されることもあります。そのため**企業と税務当局が争うケースも非常に多い**のです。

先に紹介したホンダ、三菱商事、三井物産のケースでも、国税と争いになっています。

また多国籍企業にとって、税務当局は日本だけではありません。

現地国の税務当局も関係してくるのです。

現地国の税務当局としては、なるべく「移転価格税制」で日本に税金が持っていかれるような事態にはしたくないのです。

だから日本が「移転価格税制に抵触する」と指摘しても、現地の税務当局は適正な税務処理だというお墨付きを与えることも多いのです。

移転価格税制は、「日本の税務当局対企業」という関係だけではなく、「日本の税務当局対現地国の税務当局」という関係にも配慮が必要になってくるのです。

企業としても、なるべく移転価格税制による追徴税などは避けたいと思っています。

そのため海外子会社との取引について、国税局に事前に妥当なものかどうか**「事前確認」**をするケースも相次いでいます。

この「事前確認」は移転価格税制に関するトラブルを防ぐために、国税局で特別に受けつけられているものですが、年間１００件以上の申請がされています。

中国のタックスヘイブンと国際女優の巨額脱税

タックスヘイブンに関しては中国も大きく絡んでいます。実は中国にもタックスヘイブンと同様の地域がつくられているのです。中国は世界経済だけじゃなく、タックスヘイブンの分野でも存在感を示しているのです。

ところで昨今、中国の有名女優の范氷氷（ファンビンビン）さんが巨額の脱税をしたとして、大きなニュースになりました。それも実は、中国版タックスヘイブンと大きく関係しているのです。

まずは、以下の記事を読んでください。

中国女優の「脱税」認定、当局が１４６億円支払いを命じる　旧日本軍映画などで報酬隠し

中国の税務当局は3日までに、著名女優の范氷氷（ファンビンビン）さん（37）が脱税していたとして追徴課税や罰金など総額８億８４００万元（約１４６億円）の支払いを命じた。指定期日までに支払わなければ刑事責任を追及するとしている。国営新華社通信が伝えた。

范さんの脱税疑惑については5月、著名キャスターがインターネット上で告発し、6月以降は范さんの消息が途絶えていた。当局は今回の事件を受けて、映画業界に対し「年末までに自ら申告漏れを届け出た場合は行政処罰を免除する」と通告。脱税の横行がささやかれる業界への〝見せしめ〟となった形だ。

新華社によると、范さんは旧日本軍による重慶爆撃を題材とする中国映画「大爆撃」の出演報酬をめぐり、当局に提出しない〝ウラ契約書〟を作成して所得税など730万元の支払いを逃れた。さらに法定代表人を務める企業に2億4800万元の税金未払いが判明し、うち1億3400万元が意図的な脱税と認定された。

「大爆撃」では米俳優ブルース・ウィリスさんが中国空軍を支援した米義勇航空部隊「フライング・タイガース」の教官役を演じ、范さんも特別出演している。ただ7月に発表された新ポスターから范さんの名前が消え、国内の封切り時期も当初予定の8月から10月に延期されたため、出演シーンがカットされるのではとの憶測も広がった。

范さんは3日、6200万人以上のフォロワーを持つ中国版ツイッター「微博」に謝罪文を掲載。「自らの行為を深く恥じる。資金を工面して罰金と追徴金を払いたい」としている。

（産経新聞　２０１８年10月3日配信）

范氷氷さんは、日本や香港、韓国などの映画にも出演していました。近年はハリウッドにも進出し、２０１４年には「X-MEN：フューチャー&パスト」に出演。アメリカのフォーブス誌が発表した２０１５年世界女優収入ランキングでは、年２１００万ドル（約23億５０００万円）で4位となっていました。

しかし２０１８年5月、ＣＣＴＶ（国営中央テレビ）の元キャスターである崔永元（チェヨンウォン）氏が中国版ツイッター「微博」で范さんの脱税疑惑を指摘しました。「エア・ストライク（大爆撃）」という日中戦争を描いた新作映画に関して、正規の出演契約書以外に裏の契約書をつくり、正規の契約書の5倍の出演料と受け取っていたとのことでした。その契約書の写真が「微博」で公開されたのです。

これを見て中国の税務当局も動き出し、翌6月初旬から3か月にわたって范さんのＳＮＳの更新が止まり、「消息不明」ということで騒ぎになっていました。

ネットでは、「海外逃亡したのではないか？」「税務当局の取り調べを受けているのではないか？」と噂されましたが、結局、税務当局の取り調べを受けていたわけです。

「微博」で指摘された新作映画のギャラ自体に関する脱税額は1億円ちょっとだったので

すが、他の部分の脱税が恐ろしく巨額でした。

おそらく中国税務当局は「微博」での告発を受けて、洗いざらい范さんの収入を調べ直したのでしょう。その結果、総額8億8400万元(約146億円)という巨大な追徴税額となったわけです。

また范さんも、この莫大な収入はただ隠していただけじゃなく、当初は政治家などとのコネクションを持ち、税務当局から見逃されていたものと思われます。これだけの巨額な資産が見逃されるというのは、普通に考えにくいところですので。

近年、中国は富裕層の脱税について社会的な批判が厳しくなっており、また范さんの場合は、ネットで証拠写真まで公開され

一時は日本でも話題になった女優の范氷氷さん

ていましたので、本腰を入れて調査せざるを得なかったのでしょう。

まあ、ここまでは国際的な女優の巨額脱税事件という話なのですが、今の中国の場合、ここで話は終わらないのです。

中国の税務当局は、映画業界に対し「年末までに自ら申告漏れを届け出た場合は、行政処罰を免除する」と通告しています。ようするに映画業界で脱税が横行していることは、中国国内では**半ば公然のこと**だったのです。

しかも芸能関係者の中には、巧みな逃税方法を用いている者もいるようなのです。

范氷氷さんのケースのように二重契約書をつくっている場合は当然、明白に黒ということですが、なかには白黒がはっきりしない方法で税金を逃れている芸能関係者も多数いるようなのです。

「一帯一路」のためのタックスヘイブン

現在、中国は「一帯一路」という世界的な規模の経済プロジェクトを推し進めています。

ご存知の方も多いかと思いますが「一帯一路」構想とは、中国西部から中央アジア、ヨーロッパにつながる地域を「シルクロード経済ベルト」と位置づけ、ここに大規模なインフラ整備を行い、巨大な物流、生産地域にしようというものです。

アジアやヨーロッパの経済活性化につながるとして、世界中から注目されています。

そして、この一帯一路構想の財政面を支えるものとして、中国はAIIB（アジア・インフラ投資銀行）をつくりました。

AIIBは1000億ドルを出資金として集め、それをアジアやヨーロッパ各地の開発に投資するという目的を持っています。

AIIBは、**中国版マーシャル・プラン**とも呼ばれています。

中国は出資金のうち、30％程度を負担します。もちろん、それは出資国の中で最大です。つまりAIIBは、「中国が金を出し、その金を開発投資に使おう」という趣旨を持っているのです。他の国から見れば、中国の出した金を安く借りて開発に使える機会が生じるわけです。だから、世界中の国がこぞって参加しています。

イギリスはいち早く参加を表明し、ドイツ、フランスなどの西欧諸国も次々に加盟し、韓国、オーストラリアも参加しています。

日本とアメリカは、このAIIBに今のところ参加を見送っています。

アジア地域においては、日本とアメリカが長くインフラ投資支援などを行ってきました。

ＡＩＩＢと同じような趣旨を持つアジア開発銀行は、半世紀前の１９６６年に設立されています。出資比率は日本が15・6％で筆頭であり、アメリカが同率の15・6％です。

このアジア開発銀行が、これまでずいぶんアジアのインフラ投資に貢献してきた自負もあり、日本とアメリカはいまさら中国が中心となる開発銀行に参加をしたくないのです。

一方、中国としては、日本主導ではない、中国主導のアジア開発銀行をつくりたいと考えたのでしょう。

もちろん中国としては、一帯一路構想は絶対に成功させなければならないわけです。だから世界の国々の参加をうながすことはもちろんですが、中国の民間の資本も一帯一路に集中させなければなりません。

そこで中国は「一帯一路」の最前線の地域に、非常に税金が安くて条件もいいタックスヘイブンをつくったのです。

中国企業、富裕層の税金の抜け穴

一帯一路地域のタックスヘイブンの代表的なところが、新疆ウイグル自治区イリ・カザフ自治州にあるホルゴスという都市です。

ホルゴスの場所はここ！

鉄道 ------　道路 ･･････　出典／経済科学研究所紀要第41号

この都市は、中国と中央アジアを結ぶ交通の要衝地です。まさに一帯一路構想のど真ん中にあるのです。

このホルゴスが、中国の民間企業や富裕層にとって最強のタックスヘイブンとなっているのです。同地では5年間は法人税が免除され、その後の5年間も法人税負担が半額になります。また個人の所得税は、**なんとゼロ**なのです。

中国政府としては、民間企業や富裕層をここに集め、資金を集中投下させたいという狙いを持っているわけです。

が、このホルゴスは、タックスヘイブンとして異常にゆるいのです。

昨今のタックスヘイブン税制では、タックスヘイブンに会社の登記をしても、その地に会社の実体がなければ**無効になるという国際ルール**があります。

が、中国のこのホルゴスの地に会社の実体があるかどうかは問われず、同地で営業をしなければならない義務もありません。

登記をするだけでいいのです。

だから中国の民間企業がこぞって、この地に登記を移すようになったのです。

ホルゴス市の税務当局によると、２０１６年の１年間で２４１１社が同地で法人登記したそうです。

住所地をホルゴスに移している富裕層も数多くいると見られています。

中国映画業界の富裕層たちも、この一帯一路地域のタックスヘイブンを利用しているケースが多いと見られています。

中国エリートたちの資産隠し

また中国の高官たちは、自国のタックスヘイブンを使うのではなく、国際的な「本当のタックスヘイブン」を使って税を逃れているようです。

あのパナマ文書では、中国共産党の要人たちも、こぞってタックスヘイブンを利用していたことが明らかになりました。

パナマ文書では、習近平の義兄の娘が設立した会社の名前もありました

この習近平の義兄の娘が設立した会社は、香港で高級マンションの一室を所有していました。そのマンションは、2007年に2000万香港ドル（日本円で約3億円）で購入されていたのです。

習近平は「汚職追放」を強く主張してきていたので、中国国民の反発もかなり大きいものがありました。

そこで中国政府は非常に**中国らしいやり方**で、その反発を防ごうとしています。中国ではパナマ文書に対して厳しい情報統制が敷かれており、ネットでは「パナマ文書」関係の文言は検索できないようになっているのです。

習近平のほかにも第一副首相の張高麗（チャンカオリー）、政治局常務委員の劉雲山（リュウウンシャン）らも、親族がタックスヘイブンに会社を持つなどしていたことが発覚しています。

引退した江沢民など共産党の旧幹部たちの名前も見えます。

共産党のエリートや、中国人の富裕層にとって、タックスヘイブンを利用することは、日常化していると見られます。

パナマ文書に登場する関係法人・個人の所在地

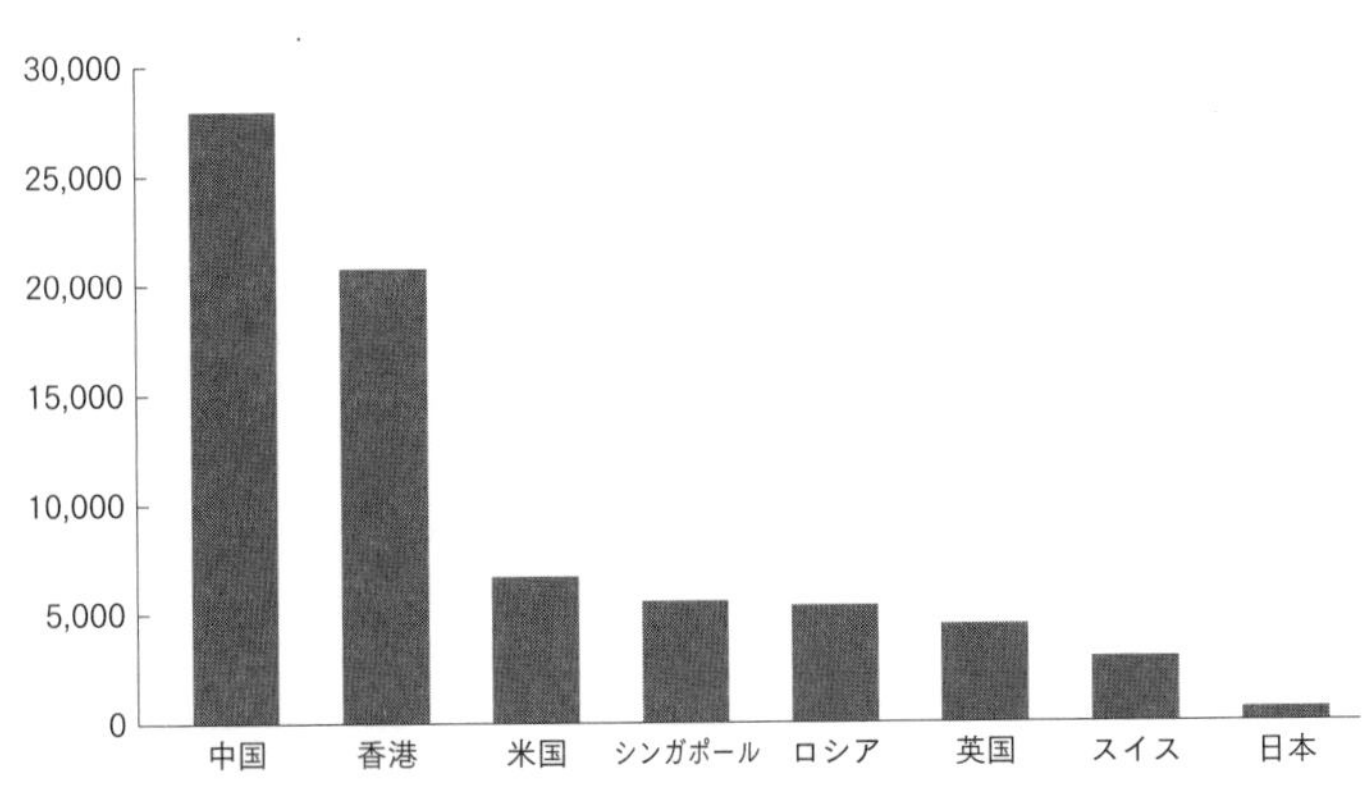

出典：ICIJのサイト

パナマの法律事務所「モサック・フォンセカ」の最大の顧客は中国であり、実に顧客の3分の1は中国、香港の居住者だったのです。中国は現在、世界第2位の経済大国なので、タックスヘイブンを利用する富裕層が増えたという見方もできます。

しかし、それにしても中国人のタックスヘイブン利用は多すぎます。

中国人のタックスヘイブンの利用が多いというのは、なぜでしょうか？

おそらく中国人の富裕層は、日本人以上に**資産保持の観念が強い**のだと思われます。

中国の政情は、まだまだ不安定です。

だから富裕層は、なるべくお金を安全な場所に置いておきたいという気持ちであると考えられるのです。

中国経済は一応、自由化したとはいえ、いまだに共産主義の看板を掲げています。

過去には文化大革命という、富裕層が大ダメージを受けた出来事もありました。

現在の中国人の多くは、文化大革命で身内を失ったり捕縛されたりした経験を持っています。

「今、持っている資産をなるべく隠しておきたい」

そういう中国人富裕層にとって、タックスヘイブンは**格好の隠し場所**になっているのです。

あとがき

まえがきで筆者は「今、日本国民は税金を払うべきではない」と述べました。

その理由をここでご説明したいと思います。

2020年4月現在、世界中で新型コロナの被害が広がっています。

この新型コロナにおいて日本政府の対策は後手後手に回りました。

検査件数も抑えに抑え、当初の検査件数は韓国の10分の1以下という体たらくでした。

その結果、市中感染を蔓延(まんえん)させてしまいました。

当初、日本政府が新型コロナ対策で動いたことといえば、イベントの中止要請、外出自粛、飲食店への出入りの自粛等国民に自粛を要請することばかりでした。しかもこの自粛に際して、経済的な打撃を受ける人たちへの補償は示されていませんでした。国民の批判を受けて、後になってようやく補償を検討しはじめたのです。

それに引きかえ欧米諸国は、素早く補償を決めました。

日本政府のあまりのケチ度合いに、あきれた人も多いはずです。

なぜ日本政府の対応が後手に回ったかといえば、日本政府には、財源の余裕がないからです。いや、日本政府は100兆円の規模を持っているのですが、その予算の使い道は族議員等によってガチガチに支配されているので、いざというときに出せるお金がないのです。

特に第二次安倍政権になってからはその傾向が強くなりました。あまり知られていませんが、日本の予備費は激減しています。

以下が日本の予備費の推移です。

2010年度	3兆2025億円
2011年度	2兆2095億円
2012年度	3兆4253億円
2013年度（安倍政権）	1兆6626億円
2014年度 ←	1兆6236億円
2015年度	1兆6335億円
2016年度	1兆4822億円
2017年度	1兆4677億円
2018年度	1兆3217億円

2019年度　1兆5341億円

財務省統計表18表より

（経済対策予備費、復興予備など予備費全般を含む）

この推移を見ると安倍内閣になってから予備費が1兆～2兆円減っていることがわかります。もともと2兆円から3兆円しかない予備を1兆円以上も削っているのですから、何か起こった時に対応できないのは当たり前の話です。

その一方で安倍内閣は、道路整備事業、港湾空港鉄道整備事業、農林水産基盤整備事業費などの予算は激増させています。

予備費を削った分は、まるまるこれらの予算に組み替えられた計算になります。

道路、港湾空港、農業というのは、昔から自民党の重要な支持基盤業界です。つまり、国家に一大事が起きたときのための予備費を削って、自民党の支持基盤に金をばら撒いたのです。

それが、新型コロナ対策が後手後手に回ってしまった大きな要因の一つなのです。

このような政治では、税収がいくらあっても足りるはずはないいし、税を納めれば納めるほど国が悪い方向に行くのが目に見えています。

だから、筆者は、**「今の日本で税金を払うことは悪である」**と考えるのです。

そのためには、正しく税を逃れる方法を知るべきだと思われます。

本書がその一助になっていれば、筆者としては執筆した甲斐があったというものです。

最後に、この大変な時期にビジネス社の唐津隆氏をはじめ本書の制作に尽力いただいた皆様にこの場をお借りして御礼を申し上げます。

コロナ渦が早く収束することを祈念しつつ……。

2020年4月　著者

著者略歴

大村大次郎（おおむら・おおじろう）

大阪府出身。元国税調査官。国税局で10年間、主に法人税担当調査官として勤務し、退職後、経営コンサルタント、フリーライターとなる。執筆、ラジオ出演、フジテレビ「マルサ!!」の監修など幅広く活躍中。主な著書に『税務署対策　最強の教科書』『韓国につける薬』『消費税を払う奴はバカ！』『消費税という巨大権益』『完全図解版　税務署員だけのヒミツの節税術』『ほんとうは恐ろしいお金のしくみ』『相続税を払う奴はバカ！』『お金で読み解く明治維新』『アメリカは世界の平和を許さない』『99%の会社も社員も得をする給料革命』『世界が喰いつくす日本経済』『ブッダはダメ人間だった』『「見えない」税金の恐怖』『完全図解版　あらゆる領収書は経費で落とせる』『税金を払う奴はバカ！』（以上、ビジネス社）、『「金持ち社長」に学ぶ禁断の蓄財術』『あらゆる領収書は経費で落とせる』『税務署員だけのヒミツの節税術』（以上、中公新書ラクレ）、『税務署が嫌がる「税金0円」の裏ワザ』（双葉新書）、『無税生活』（ベスト新書）、『決算書の9割は嘘である』（幻冬舎新書）、『税金の抜け穴』（角川oneテーマ21）など多数。

まちがいだらけの脱税入門

2020年6月1日　第1刷発行

著　者　大村 大次郎
発行者　唐津 隆
発行所　株式会社ビジネス社
〒162-0805　東京都新宿区矢来町114番地 神楽坂高橋ビル5階
電話　03(5227)1602　FAX　03(5227)1603
http://www.business-sha.co.jp

印刷・製本　大日本印刷株式会社
〈カバーデザイン〉金子眞枝
〈本文組版〉茂呂田剛（エムアンドケイ）
〈営業担当〉山口健志
〈編集担当〉本田朋子

ISBN978-4-8284-2189-6

大村大次郎の本

完全図解版　税務署員だけのヒミツの節税術
あらゆる領収書は経費で落とせる【確定申告編】

定価　本体1200円＋税
ISBN978-4-8284-2067-7

税務署が教えない裏ワザ満載！

確定拠出年金や医療費控除など会社員も自営業も確定申告を知らなすぎる！この裏ワザで誰もが税金を取り戻せます。

韓国につける薬
お金で読みとく日韓関係

定価　本体1100円＋税
ISBN978-4-8284-2141-4

韓国につける薬
お金で読みとく日韓関係
大村大次郎
元国税調査官

韓国の暴走を止められるのは日本だけ！

文在寅はじめ歴代政権の失政がすべての元凶！反日韓国の悲しすぎる実態と対処法は?

完全図解版　あらゆる領収書は経費で落とせる

定価　本体1200円＋税
ISBN978-4-8284-1801-8

経費と領収書のカラクリ最新版！

中小企業経営者、個人事業主は押さえておきたい経理部も知らない経費と領収書の秘密をわかりやすく解説。

ほんとうは恐ろしいお金（マネー）のしくみ
日本人はなぜ金持ちになれないのか

定価　本体1300円＋税
ISBN978-4-8284-2063-9

ほんとうは恐ろしいお金のしくみ
日本人はなぜ金持ちになれないのか
元国税調査官
大村 大次郎
「通貨のしくみ」は17世紀ヨーロッパの悪徳商人によってつくられた！
貧困、格差、紛争、環境破壊…人類に災いをもたらす資本主義の欠陥とは？

自転車操業と化した資本主義の不都合な真実

「通貨のしくみ」は17世紀ヨーロッパの悪徳商人によって作られた！　貧困、格差、紛争、環境破壊……人類に災いをもたらす資本主義の欠陥とは？

大村大次郎の

大ヒット「バカ!」シリーズ

税金を払う奴はバカ!

搾取され続けている日本人に告ぐ

脱税ギリギリ!?

元国税調査官が教えるサラリーマン、中小企業主、相続人のマル秘節税対策!

本体1000円+税
ISBN978-4-8284-1758-5

相続税を払う奴はバカ!

本当の金持ちは税金など払わない

小金持ちの相続税対策マニュアル

逃がせ! 隠せ! 払わなくていい!? 相続税は抜け穴ばかり!

本体1400円+税
ISBN978-4-8284-2053-0

消費税を払う奴はバカ!

サラリーマンと事業者のための逃税スキーム

【消費税】は欠陥だらけ!

サラリーマンでも消費税還付を受ける方法、消費税を払わずに買い物する方法などなど徹底的に抜け穴を衝く!

本体1300円+税
ISBN978-4-8284-2121-6

ビジネス社の本

税務署員の弱点を衝く！
税務署対策 最強の教科書

大村大次郎……著

定価 本体1300円＋税
ISBN978-4-8284-2153-7

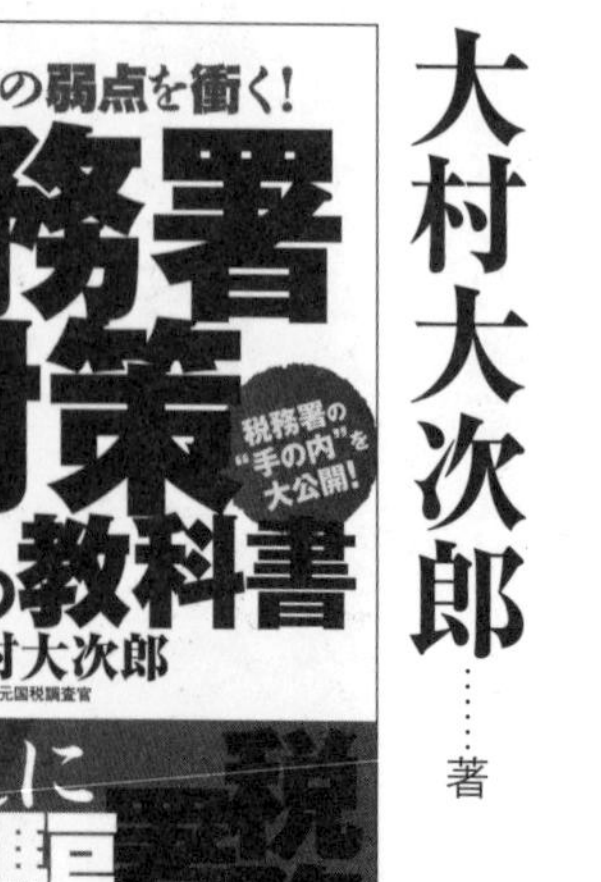

税務署の〝手の内〟を大公開！

税務署員に騙されるな！
彼らの口車に乗ってはいけない！
税務調査で泣き寝入りしない裏ワザ、教えます！
税務調査、税務署対策の決定版！
聞くに聞けない税務調査への疑問、対抗策をすべて教えます！
究極の税務署とうまく付き合う方法！

本書の内容

第1章　税務調査とは何か？
第2章　税務署は何を見るのか？
第3章　税務署の情報力とは？
第4章　税務署員に騙されるな！
第5章　税理士は賢く使おう
第6章　税務署の弱点